Special Guide With The Best Food Recipes

Basic Cookbook Concepts

A Complete Book For Men And Women

Libro In Italiano Contenente Una Lista Di Ricette Inedite, Pronte Per Essere Utilizzate

1 Sommario

3   RICETTE INEDITE ....

4   NOI & VOI ....

2 Manuale d'uso del robottino Bymbi.

2.1 Consigli utili per il funzionamento a Freddo

L'unica manopola da utilizzare per il funzionamento a freddo, è quella delle velocità. Simultaneamente sul **timer** compariranno i secondi che scorreranno in automatico non appena avrai selezionato la velocità desiderata. Un **dispositivo di sicurezza**, non ti permette di aprire il coperchio se la velocità non sarà posizionata sullo 0.

2.1.1.1 Bilancia

Per utilizzare la bilancia, il boccale deve essere **perfettamente** inserito nella sua sede e la manopola della velocità deve essere posizionata sullo 0.
Prima di pesare, premi il tasto bilancia: sul display compariranno tre 0. Da questo momento potrai pesare gli ingredienti in successione, fino ad un massimo di **2,5 Kg**. Ti consigliamo, per le piccole quantità, di inserire gli ingredienti molto lentamente per dare tempo ai sensori di attivarsi; così facendo otterrai esattamente il peso indicato dalla ricetta.

2.1.1.2 Velocità

Le velocità 1-2, servono esclusivamente per mescolare. Il
secondo cucchiaino (**velocità 2-3**), serve per montare.
Per tritare, macinare, grattugiare, ecc., si utilizzano le **velocità da 4 a turbo** e variano in funzione del tipo di alimento e del risultato che vuoi ottenere.
Quando la quantità degli ingredienti è poca, ti consigliamo di utilizzare **velocità non superiori a 8** e di far cadere gli ingredienti dal foro del coperchio sulle lame in movimento, perché la grande potenza che si sviluppa con le alte velocità, può far disperdere gli ingredienti sulle pareti del boccale e sul coperchio.
Utilizza direttamente il tasto turbo solo se nel boccale ci sono ingredienti solidi. Se vuoi sminuzzare o omogeneizzare alimenti solidi con liquidi, la velocità va portata lentamente da 1 a 9 e poi a turbo e il contenuto del boccale non deve essere superiore al litro.
Con la **velocità impasto** contrassegnata da una spiga, posizionata a destra della velocità 0, puoi ottenere impasti eccezionali.
La velocità "spiga" ti consentirà di impastare fino a 700 gr. di farina. Il suo funzionamento a intermittenza, riproduce l'impasto manuale ed evita il surriscaldamento del motore.

2.1.1.3 Consigli d'uso

Non forzare mai la leva di chiusura. Se l'apparecchio non si apre verifica che la manopola delle velocità sia correttamente posizionata sullo 0.
Leggi attentamente le pagine seguenti in cui sono riportate le preparazioni di base.
Bimby ha molteplici usi e solo la perfetta conoscenza degli stessi ti permetterà di sfruttarlo nel migliore dei modi.
Durante la preparazione delle ricette incontrerai questi simboli:
M minuti S secondi T temperatura V velocità I ingredienti

2.1.1.4 Contenuto di 1 misurino

Gli ingredienti si possono dosare sia con la bilancia che con il misurino.
Acqua, latte 100 grammi = 1 decilitro
Olio 90 grammi
Zucchero 100 grammi
Farina 55 grammi
Fecola 80 grammi

Pangrattato 40 grammi
Riso 80 grammi
Parmigiano 50 grammi

2.1.2 Bimby trita

Ricordati:
- che le piccole quantità dovranno essere introdotte dal foro del coperchio
- che il volume degli ingredienti non dovrà mai superare la metà del boccale e sulle lame in movimento a V 6.

2.1.3 Prezzemolo - Basilico Aromi vari

Prezzemolo e aromi lavati e asciugati nella quantità desiderata (non meno di 20 gr.). Inserisci nel boccale dal foro del coperchio con lame in movimento V 6, una manciata per volta dell'aroma che desideri tritare e continua fino ad esaurimento degli ingredienti. Aspetta 10 S ancora prima di fermare l'apparecchio.
Vi consiglio di tritare discrete quantità, per poterle poi conservare nel congelatore e utilizzarle quando necessitano. Puoi anche conservarli in frigorifero coperti di olio e se ti piace, aromatizzarli con uno spicchio di aglio. Le piccolissime quantità, si possono invece tritare contemporaneamente agli altri ingredienti della ricetta che desideri preparare.

2.1.4 Carote Cipolle Sedano

Da 50 gr. a 500 gr. della verdura prescelta, lavata e tagliata grossolanamente. Inserisci la verdura prescelta nel boccale e tritala: da 10 a 30 S a V 4, a seconda della quantità e del trito desiderato.

2.1.5 Verdure Miste

400 gr. di verdure miste lavate e strizzate.
Inserisci nel boccale le verdure, alternando quelle in foglia a quelle in pezzi e tritale: da 6 a 10 S a V 3 a seconda del trito desiderato. Potrai così utilizzarle per un ottimo minestrone.

2.1.6 Per cominciare

2.1.6.1 Trito per gratin

1 panino raffermo, 1 spicchio di aglio, prezzemolo, rosmarino e altri aromi a piacere. Inserisci il tutto nel boccale: 20 S da V 4 a turbo.

2.1.6.2 Carne cruda/cotta

Carne magra priva di nervi e pellicine nella quantità desiderata.
Taglia la carne a cubetti e falla cadere 100 gr. per volta dal foro del coperchio, con lame in movimento a V 8. Spegni immediatamente dopo aver inserito l'ultimo cubetto e toglila. Ripeti l'operazione fino ad esaurimento della quantità desiderata. Puoi utilizzare anche cubetti di carne congelata, senza attendere il perfetto scongelamento.In questo caso la carne potrà essere anche leggermente grassa.

2.1.6.3 Prosciutto - Mortadella - Salumi vari

Prosciutto o altro nella quantità desiderata.
Inserisci i salumi dal foro del coperchio, con lame in movimento a V 5 per il tempo necessario a seconda della quantità.

2.1.6.4 Ghiaccio

Da 100 a 700 gr. di cubetti.
Inserisci i cubetti nel boccale e tritali a V 6 da 5 S a 20 S. Il tempo può variare in funzione della quantità.

2.1.6.5   Grattugia, macina e polverizza

Ricordati che per una perfetta riuscita il boccale dovrà essere sempre perfettamente asciutto e che il volu-me degli ingredienti non dovrà mai superare la metà del boccale.

2.1.6.6   Pane secco e raffermo

Fino a 300 gr. di pane secco o raffermo.
Inserisci il pane a pezzetti nel boccale: 10 S a V 4 dando contemporaneamente alcuni colpi di V turbo.
Il tempo necessario sarà in funzione della quantità e della finezza desiderata.

2.1.6.7   Parmigiano

Fino a 300 gr. di parmigiano privo di crosta.
Inserisci il parmigiano a cubetti nel boccale: 10 S aV 4 dando contemporaneamente alcuni colpi di V turbo. Il tempo necessario sarà in funzione della quantità.

2.1.6.8   Caffè

Fino a 250 gr. di caffè in grani.
Inserisci il caffè nel boccale e macinalo per 1 M aV 8 e 1 M a V turbo. Il tempo può variare a seconda se utilizzi la moka o la macchina espresso.

2.1.6.9   Mandorle - Noci - Frutta secca

Fino a 300 gr. di frutta secca.
Inserisci l'ingrediente che desideri macinare nel boccale: 30 S portando lentamente la V da 4 a turbo.

2.1.6.10   Cioccolato

Fino a 300 gr. di cioccolato a pezzi.
Inserisci il cioccolato nel boccale: da 5 a 30 S a V 8 a seconda della quantità.

2.1.6.11   Zucchero

Fino a 300 gr di zucchero.
Inserisci lo zucchero nel boccale: da 10 a 30 S aV turbo a secondo della quantità.

2.1.6.12   Riso

Fino a 200 gr. di riso.
Inserisci il riso nel boccale e polverizzalo per 2 M a V turbo.

2.1.6.13   Legumi e cereali

Fino a 200 gr. di legumi (mais frumento avena tapioca lenticchie ceci ecc.). Inserisci il legume o il cereale prescelto nel boccale e polverizzalo a V turbo, per 2 o 3 M. Il tempo può variare a seconda della quantità e della qualità del cereale.

2.1.7   *Bimby frulla omogeneizza*

Ricordati che per omogeneizzareè necessario prima utilizzare V basse (4-5) e poi passare a V 9 o Turbo.

2.1.7.1   Bibite integrali

La base per una buona bibitaè 1 limone, zucchero, ghiaccio a piacere, e della buona frutta. Pela a vivo la frutta, privala dei semi e mettila nel boccale con il ghiaccio il limone e lo zucchero. Omogeneizza per 30 S a V 6 e 1 M aV Turbo. Unisci la quantità di acqua che desideri e mescola per 4 M a V 3. Volendo, col cestello, si possono filtrare i minimi residui.

2.1.7.2   Bibite filtrate

1 mela o altra frutta a piacere, 1 gambo di sedano, 1 limone pelato a vivo e 1carota, 70 gr.di zucchero, 600 gr. di acqua, 6 cubetti di ghiaccio.
Inserisci nel boccale zucchero e ghiaccio e tritalo a V 5 per 5 S. Aggiungi la frutta: 3 S a V 5 poi l'acqua e mescola per 2 M a V 3. Filtra con il cestello
e servi.

2.1.7.3   Frullati

La proporzione degli ingredientiè uguale a quelli delle bibite.
In questo caso dovrai prima tritare lo zucchero e il ghiaccio: 6 S V 6. Aggiungi poi la frutta e il limone: 30 S a V 6, e unisci poca acqua: 30 S a V Turbo.

2.1.8   *Bimby emulsiona*

Emulsionare significa, portare in sospensione di un liquido minutissime particelle di altre sostanze, creando così una "emulsione". Ricordati che si ottiene un risultato eccellente versando i liquidi dal foro del coperchio tenendo il misurino leggermente inclinato.

2.1.8.1   Frappé

200 gr. di frutta matura, 6 cubetti di ghiaccio, 1/2 mis. di zucchero, 4 mis.di latte magro.
Inserisci nel boccale lo zucchero il ghiaccio e la frutta: 10 S a V 8. Posiziona la farfalla, porta la V a 2-3 e aggiungi il latte dal foro del coperchio tenendo il misurino inclinato.

2.1.8.2   Maionese

1 uovo intero e 1 tuorlo, 3 mis. di olio di semi, succo di 1/2 limone, sale q.b. Inserisci nel boccale uova limone e sale: 45 S aV 4 versando l'olio a filo dal foro del coperchio con il misurino leggermente inclinato.

2.1.8.3   Crèpes

4 uova, 200 gr. di farina, 1/2 lt. di latte, 50 gr. di burro morbido.
Inserisci tutti gli ingredienti nel boccale: 20 S a V 5. Prima di utilizzarlo lascia riposare il composto in una ciotola per 1/2 ora.

2.1.9   *Bimby monta*

Ricordati: di utilizzare la FARFALLA per facilitare questa operazione e di usare sempre alimenti freschissimi.

2.1.9.1   Albumi a neve

Da 2 a 6 albumi, 1 pizzico di sale fino.
Disponi la farfalla sulle lame del boccale perfettamente pulito e inserisci gli albumi: da 2 a 3 M a V 2-3, a seconda del numero degli albumi. Fai attenzione che non ci siano residui di tuorlo e imposta per un migliore risultato, la temperatura a 40 C. Il tempo necessario sarà sempre in funzione della quantità degli albumi.

2.1.9.2   Panna montata

Da 200 a 600 gr. di panna fresca e ben fredda. Raffredda il boccale in frigorifero. Disponi la farfalla sulle lame e inserisci la panna: da 45 a 90 S a V 2-3. Controlla la densità e, se necessario, aumenta il tempo di pochi secondi. Non usare panna a lunga conservazione e non superare mai V 3, altrimenti la panna si smonta. Puoi ottenere un ottimo risultato, utilizzando anche panna vegetale.

2.1.9.3   Burro

Da 200 a 600 gr. di panna fresca.

Nel boccale ben freddo disponi la farfalla e aggiungi la panna: 2 M a v 2-3. Aggiungi acqua fredda, mescola per alcuni S a V 1, poi scola il burro venuto a galla, usando il cestello. Conservalo in frigorifero. Puoi insaporirlo a scelta con sale, basilico, erba cipollina o rucola precedentemente tritati.

2.1.10   *Bimby manteca*

Mantecare significa rendere una preparazione morbida e omogenea. Bimby, grazie alla potenza del motore ci dà la possibilità di ottenere istantaneamente sorbetti o gelati partendo da ingredienti ghiacciati. I sorbetti sono a base di ghiaccio, zucchero, limone e altra frutta a piacere. I sorbettoni sono a base di frutta congelata, zucchero a velo e 1 limone. I gelati di frutta sono a base di latte congelato, frutta congelata, zucchero a velo e 1 limone.

2.1.10.1   Sorbetto di limone

700 gr. di ghiaccio, 2 limoni pelati a vivo e privati dei semi, 200 gr. di zucchero.
Fai lo zucchero a velo per 30 S a V Turbo. Inserisci prima i limoni, poi il ghiaccio: 1 M da V 5 a Turbo, spatolando. A piacere sostituisci i limoni con altra frutta.

2.1.10.2   Sorbettone di frutta mista

700 gr. di frutta mista congelata a pezzi, 1 limone pelato a vivo senza semi e 200 gr. di zucchero.
Togli la frutta dal freezer qualche minuto prima di utilizzarla. Fai lo zucchero a velo: 30 S a V Turbo. Unisci il limone e la frutta: 40 S a V 7, 20 S a V 4 e 20 S a V Turbo, spatolando.

2.1.10.3   Gelato di fragole

300 gr. di fragole congelate, 500 gr. di latte congelato a cubetti, 100 gr. di zucchero, succo di limone.
Togli la frutta dal freezer 5 S prima di utilizzarla. Fai lo zucchero a velo: 20 S a V Turbo. Unisci le fragole e il latte: 40 S a V 7 e 20 S a V 4, spatolando. Bimby impasta

2.1.11   *Impasti base per pane pizza focacce*

Ricordati: che per gli impasti con lievito di birra, sia dolci che salati, avrai un ottimo risultato, utilizzando la velocità spiga. Il quantitativo massimo di farina non dovrà superare i 700 gr. La velocità di esecuzione consentirà comunque di impastare in un'ora 10 Kg. di farina. L'impasto migliora se il lievito viene sciolto in liquidi tiepidi; la temperatura comunque non dovrà mai superare i 40 C, per non togliere i principi attivi del lievito di birra.

2.1.11.1   Pasta per pane o pizza

500 gr. di farina, 1 cubetto di lievito di birra, 200 gr. di acqua, 100 gr. di latte, 1 cucchiaio d'olio e sale q.b.
Inserisci nel boccale l'olio, il lievito, l'acqua, il latte tiepido e il sale: 5 S a V 6. Aggiungi la farina: 20 S a V 6 e 1 M a V Spiga. Lascia lievitare l'impasto coperto per circa 1/2 ora, prima di utilizzarlo.

2.1.11.2   Pasta per pizza gigante

700 gr. di farina, 1 cubetto di lievito di birra, 300 gr. di acqua, 100 gr. di latte, 2 cucchiai d'olio e sale q.b.
Inserisci nel boccale l'olio, il lievito, l'acqua, il latte tiepido e il sale: 5 S a V 6. Aggiungi dall'alto a pioggia, la farina: 30 S a V 6 e 1 M e 1/2 a V Spiga. Lascia lievitare l'impasto coperto per circa 1/2 ora, prima di utilizzarlo.

2.1.12 Impasti base per tagliatelle ravioli

Ricordati: che il rapporto 100 gr. di farina, 1 uovo è perfetto utilizzando uova da 60 gr. Per eventuali correzioni della consistenza dell'impasto, aggiungi un cucchiaino di farina o un cucchiaino di acqua dal foro del coperchio con lame in movimento. L'aggiunta dell'olio di oliva è facoltativa e serve a rendere più elastico l'impasto.
Prima di stendere l'impasto, lascialo sempre riposare 15 M avvolto in un canovaccio.

2.1.12.1 Pasta all'uovo

3 uova, 300 gr. di farina, 1 cucchiaino d'olio.
Inserisci tutti gli ingredienti nel boccale: 20 S a V 6. E' ottima per tagliatelle, lasagne, ravioli, ecc...

2.1.12.2 Pastina per brodo

1 uovo, 130 gr. di farina.
Inserisci nel boccale 100 gr. di farina e l'uovo: 10 S a V 3. Con lame in movimento a V 5 aggiungi i restanti 30 gr. di farina e ferma l'apparecchio dopo 2 S. Versa la pastina su un canovaccio e lasciala asciugare. Se una parte dell'impasto rimane attaccato alle pareti, staccalo con la spatola e ripeti l'operazione con un poco di farina.

2.1.13 Impasti per torte

Sono i più semplici e potrai utilizzare le tue ricette personali.

2.1.13.1 Impasti base per crostate - quiche - vol-au-vent

Ricordati: che per gli impasti a base di farina con magarina o burro è importante utilizzare tali ingredienti a temperatura ambiente. Prima di utilizzare questi impasti lasciali sempre riposare per 15 M in frigorifero, avvolti in in canovaccio o in carta forno.

2.1.13.2 Pasta brisé

250 gr. di farina, 100 gr. di burro morbido, 1/2 mis. abbondante di acqua fredda, sale q.b. Inserisci nel boccale prima la farina poi gli altri ingredienti e impasta per 15 S aV 6. Avvolgi l'impasto in un canovaccio e lascialo in frigorifero per 15 M, prima di utilizzarlo. E' un'ottima base per torte salate.

2.1.13.3 Pasta Frolla

300 gr. di farina, 130 gr. di burro morbido, 1 uovo intero e 1 tuorlo, 3/4 di mis. di zucchero, scorza di limone (già grattugiata), 1 pizzico di sale e ½ cucchiaino di lievito vanigliato (facoltativo).
Inserisci tutti gli ingredienti nel boccale e impasta per 25 S a V 7. Avvolgi l'impasto in un canovaccio e lascialo in frigorifero per 15 M prima di utilizzarlo. E' un'ottima base per crostate.

2.1.13.4 Pasta sfoglia

150 gr. di burro congelato a pezzi, 150 gr. di farina, 3/4 di mis. di acqua gelata e 1 pizzico di sale.
Inserisci tutti gli ingredienti nel boccale: 15 S a V 6. Stendi la pasta in un rettangolo e ripiegala in 3 parti. Ripeti la stessa operazione altre 3 o più volte (per ogni lato del rettangolo), tirando ogni volta la pasta con il mattarello. E' ottima per la preparazione di vol-au-vent, cannoncini, ecc...

2.1.13.5 Pan di spagna

6 uova, 250 gr. di farina, 250 gr. di zucchero, 1 bustina di vanillina, 1 bustina di lievito e 1 pizzico di sale.

Fai lo zucchero a velo: 20 S a V Turbo. Unisci le uova: 20 S a V 4. Versa attraverso il foro del coperchio con lame in movimento V 7 la farina, la vanillina, il sale e per ultimo il lievito: 40 S a V 7. Versa in una tortiera e cuoci in forno per 10 M a C 160, 15 M a C. 180 e 15 M a 200 C. E' un'ottima base per le torte farcite.

Se sei golosa, vai a pagina 83: troverai tante belle ricette.

2.1.14 *Bimby cuoce*

2.1.14.1 **Nel Boccale**

a V 1 o 2 per il rimescolamento degli ingredienti, senza tritarli. Da V 3 in poi trita anche gli ingredienti.

2.1.14.2 **Nel Boccale Con Farfalla**

a V 1 o 2 per il rimescolamento degli ingredienti delicati, o delle grandi quantità, e per montare determinate preparazioni.

2.1.14.3 **Nel Boccale Con Cestello**

a V 4 per cotture differenziate.

2.1.14.4 **Nel Varoma**

per la cottura a vapore, utilizzando il VAROMA con o senza vassoio. Per addensare sughi, marmellate ecc.

2.2 Consigli utili per il funzionamento a caldo

2.2.1 *Temperature*

Per il funzionamento a caldo, dovrai utilizzare 2 manopole: quella della velocità, quella della temperatura e il tasto del display per predeterminare il tempo. Si possono selezionare temperature dai 40 C ai 100 C. La temperatura Varoma va utilizzata per le cotture a vapore e per addensare.

L'esclusivo sistema di cottura di Bimby, ti consente la più ampia gamma di utilizzo:

- selezionando una temperatura dai **40 ai 60 C**, puoi intiepidire preparazioni o fondere alimenti delicati come il cioccolato.

- selezionando temperature dai **70 ai 90 C**, puoi ottenere preparazioni perfette come la fonduta, la crema inglese o lo zabaione, che non tollerano temperature più elevate.

- selezionando la temperatura di **100 C**, infine, puoi soffriggere e cuocere, con la sicurezza che la temperatura selezionata rimarrà costante per tutta la durata della cottura. Se durante la cottura il liquido dovesse fuoriuscire dal foro del coperchio, abbassa la temperatura a 90 C.

- selezionando la temperatura **Varoma**, otterrai più produzione di vapore e questo ti consentirà di sfruttare al massimo le potenzialità di Bimby. Si consiglia di posizionare il VAROMA sul coperchio quando gli ingredienti nel boccale avranno raggiunto l'ebollizione.

2.2.2 *Velocità*

In cottura, le **velocità 1 o 2**, si usano per un rimescolamento più o meno lento.

Le **velocità da 3 a 6**, si usano per potere contemporaneamente tritare, emulsionare o amalgamare.

- Durante il funzionamento a caldo e sopratutto con liquidi in ebollizione, non dovrai mai **utilizzare velocità superiori alla velocità 6**. Per una legge fisica, abbinare la pressione del vapore alla forte potenza rotatoria delle lame, può provocare la fuoriuscita di liquido bollente.

L'eventuale omogeneizzazione degli ingredienti va fatta a freddo. MAI durante o alla fine della cottura.

Alla fine della cottura con Varoma togli immediatamente il Varoma; prima di fermare l'apparecchio aspetta alcuni secondi, prima di aprire il coperchio del boccale.

I tempi di cottura indicati nelle ricette, sono sempre indicativi e potranno variare in funzione della qualità degli ingredienti e del gusto personale.

Ricordati sempre che con Bimby si può fare tutto e non dovrai cambiare le tue abitudini culinarie ma le potrai solo migliorare.

Prima di incominciare a cucinare pensa: Bimby farà questa ricetta per me?...Sicuramente sì... provalo!

16 Ricette Inedite

16.1.1 Pasta corta

16.1.1.1 Consigli Generali

Si calcola l'acqua in quantità doppia rispetto a quella della pasta: tener conto se si usa il pomodoro che contiene anche acqua ! La quantità di acqua può variare in base al tipo di pasta che si cuoce: allora, un piccolo trucco: mentre si cuoce la pasta, tenere il misurino pieno di acqua sul coperchio: se all'ultimo momento serve ancora acqua, si aggiunge già calda. Quando si usa pasta corta è meglio inserire la farfalla. Calcolare 2 minuti in più rispetto al tempo di cottura scritto sulla confezione

16.1.1.2 Pennette Alle Erbe Aromatiche

Ingredienti: 2 spicchi aglio, 1 cipolla piccola, 50gr. olio di oliva, rosmarino, salvia, prezzemolo, alloro, peperoncino, 450gr. pelati, 1 cucchiaio dado bimby, 700-800gr. di acqua, 500gr. pennette, origano.

Procedimento: Inserire nel boccale le erbe, l'aglio, la cipolla e l'olio: 3min. 100° vel 3. Unire i pelati e cuocere: 6min. 100° Vel.1. Amalgamare: 20 sec. Vel.9. Inserire la farfalla, unire 800gr. di acqua, il dado: 7min. 100° vel 1. Aggiungere le pennette e cuocere per il tempo indicato sulla confezione + 2min. a 100° Vel.1. Versare in un piatto da portata, spolverizzare con origano e servire.

16.1.1.3 Pennette Saporite

Ingredienti: 1 piccola scamorza, 1 spicchio di aglio, 50gr. di olio, peperoncino, 200gr. di champignon (o 1 pugno di funghi secchi ammollati e strizzati), 450gr. di passata di pomodoro, 700-800gr. di acqua, 500gr. di pennette, 1 cucchiaio di dado bimby, 75gr. di tonno ben sgocciolato.

Procedimento: Inserire nel boccale la scamorza a pezzi: 10 sec. Vel.4 e mettere da parte. Mettere nel boccale aglio, olio e peperoncino: 3min. 100° Vel.3. Inserire la farfalla. Unire i funghi e il pomodoro e cuocere: 6min. 100° Vel.1. Aggiungere l'acqua e il dado: 6min. 100° Vel.1. Unire le pennette e cuocere per il tempo indicato sulla confezione + 2 minuti a 100° Vel.1. In un piatto da portata sminuzzare il tonno, unire le olive e la scamorza tritata e versare le pennette appena pronte: mescolare bene e servire.

16.1.1.4 Pasta Con Funghi, Piselli E Salsiccia

Ingredienti: .200gr. di funghi champignon a fettine, 200gr. di piselli (anche surgelati), 1 salsiccia spellata, 30 gr.di olio, ½ cipolla, ½ spicchio di aglio, prezzemolo, 400gr. di pennette o ditaloni, 800-900gr. di acqua, 1 cucchiaio di dado bimby, 100gr. di panna (facoltativa), 50gr. di parmigiano grattugiato.

Procedimento:
Mettere nel boccale olio, cipolla, aglio e prezzemolo: 3min. 100° Vel.3. Unire la salsiccia: 2min. 100° Vel.2. Inserire la farfalla e aggiungere i funghi: 5min. 100° Vel.1. Unire i piselli: 5min. 100° Vel.1. Versare acqua e dado: 8min. 100° Vel.1. Unire la pasta: cuocere per il tempo indicato sulla confezione + 2min. a 100° Vel.1. Versare in un piatto da portata, unire panna e parmigiano, mescolare bene e servire.

16.1.2 Pasta lunga

16.1.2.1 Consigli Generali

Si calcola l'acqua in quantità doppia rispetto a quella della pasta: tener conto se si usa il pomodoro che contiene anche acqua ! La quantità di acqua può variare in base al tipo di pasta che si cuoce: allora, un piccolo trucco: mentre si cuoce la pasta, tenere il misurino pieno di acqua sul coperchio: se all'ultimo momento serve ancora acqua, si aggiunge già calda. Quando si usa pasta lunga non inserire mai la farfalla. Calcolare 2 minuti in più rispetto al tempo di cottura scritto sulla confezione

16.1.2.2 Tagliatelle Alle Verdure E Uova

Ingredienti: .3 zucchine, 1 porro, 2 carote, un ciuffo di cime di rapa, 1 peperone giallo, 90gr. di olio di oliva, 600gr. di acqua, 250gr. di tagliatelle all'uovo, 60gr. di parmigiano, 2 uova intere, sale e pepe.

Procedimento: Inserire tutte le verdure nel boccale: 10 sec. Vel 3 spatolando (deve venire un trito grossolano). Unire l'olio e cuocere: 15min. 100° Vel.1. Aggiungere sale e pepe. Unire l'acqua: 6min. 100° Vel.1. Aggiungere le tagliatelle e cuocere per il tempo indicato sulla confezione + 2 minuti a 100° Vel.1. Battere 2 uova in una pirofila con il parmigiano, versarci la pasta con le verdure, mescolare bene e servire.

16.1.2.3 Tagliatelle Agli Spinaci

Ingredienti: 40gr. di olio, 1 spicchio aglio, 300gr. di spinaci puliti e lavati, 600gr. di acqua, 1 cucchiaio dado bimby, 250gr. tagliatelle all'uovo, 100gr. di parmigiano grattugiato (o formaggi misti grattugiati).

Procedimento: Inserire nel boccale olio e aglio: 3min. 100° Vel.1. Togliere l'aglio e aggiungere gli spinaci: 3min. 100° Vel.2. Unire l'acqua e il dado: 6min. 100° Vel.1. Aggiungere le tagliatelle e cuocere per il tempo indicato sulla confezione + 2 minuti a 100° Vel.1. Versare in un piatto da portata, cospargere di formaggio grattugiato, mescolare e servire.

16.1.2.4 Tagliatelle Ai Funghi

Ingredienti: 30gr. di funghi secchi, 700gr. di acqua, 50gr. di parmigiano grattugiato, 1 spicchio aglio, 30gr. di olio, 1 cucchiaio dado bimby, 250gr. di tagliatelle all'uovo, pepe nero, prezzemolo tritato.

Procedimento: Mettere a bagno i funghi in 300gr. di acqua. Mettere nel boccale aglio, olio e 1/3 dei funghi: 3min. 100° Vel.3. Aggiungere il resto dei funghi con la loro acqua, ancora 400gr. di acqua e il dado: 6min. 100° Vel.1. Unire le tagliatelle e cuocere per il tempo indicato sulla confezione + 2 minuti a 100° Vel.1. Versare le tagliatelle in un piatto da portata, cospargere con il parmigiano e il prezzemolo tritato, pepare se si vuole, mescolare e servire.

16.1.2.5 Spaghetti Di Mezzanotte (O Big Estate 2001)

Ingredienti: 500gr. spaghetti, 100gr. di pomodorini secchi, 50gr. olio extravergine di oliva, 2 spicchi di aglio, 1 piccolo scalogno, 4 acciughe diliscate, 1 peperoncino, 100gr. vino bianco secco, 1 lt. Acqua, 30gr. di parmigiano grattugiato, basilico e/o prezzemolo tritati, sale.

Procedimento: Inserire nel boccale olio, aglio, scalogno e peperoncino: 3min. 100° Vel.4. Unire i pomodorini e le acciughe: 30 sec. Vel.6-7. Versare il vino: 3min. 100° Vel.1. Aggiungere l'acqua e il sale: 8min. 100° Vel.1. Versare gli spaghetti dal foro del coperchio: 3min. 100° Vel.1 aiutandosi con il misurino per farli scendere. Quando gli spaghetti sono scesi tutti, impostare il tempo di cottura riportato sulla confezione e cuocere a 100° Vel.1 (controllare, aiutandosi con la spatola, che tutti gli spaghetti siano ricoperti dal liquido). A cottura ultimata versare in una zuppiera, cospargere di parmigiano, prezzemolo e/o basilico, un filo di olio crudo, mescolare bene e servire.

Nota: Calcolando 50gr. di pasta a persona possono servire per 10 persone (e si può arrivare tranquillamente a 12).

Naturalmente si possono fare questi spaghetti per un pranzo normale: la regola è di usare il doppio di acqua rispetto alla pasta: se si riducono le quantità, diminuire un po' anche il vino.

16.1.3 Sughi leggeri per la pasta (6/8 persone)

16.1.3.1 Sugo Alle Zucchine

Ingredienti: 500gr. zucchine tagliate a tocchetti, 40gr. olio extravergine di oliva, 50gr. di guanciale a dadini (facoltativo), 1 spicchio aglio, pecorino romano grattugiato a piacere, sale q.b.

Procedimento: Inserire nel boccale il guanciale, l'olio e l'aglio: 3min. 100° Vel.1. Togliere lo spicchio di aglio. Unire le zucchine, 50gr. di acqua e sale: 15min. 100° Vel.1. Aggiustare di sale, condire la pasta lessata a parte e cospargere di pecorino.

16.1.3.2 Sugo Alle Acciughe

Ingredienti: 4 acciughe salate (lavate e pulite) o 8 filetti sott'olio, 50gr. Olio extravergine di oliva, 2 spicchi aglio, una manciata di prezzemolo, peperoncino piccante a piacere.

Procedimento: Inserire nel boccale con lame in movimento a Vel.6 prezzemolo, aglio e peperoncino: 10 sec. Vel 6. Riunire il trito con la spatola, aggiungere l'olio, le acciughe e 40gr. di acqua: 5min. 100° Vel.2

16.1.3.3 Sugo Di Zucchine Alla Menta

Ingredienti: 500gr. di zucchine tagliate a tocchetti, 40gr. olio extravergine di oliva, 1 spicchio aglio, foglie di menta fresca (o altre erbe: basilico, origano, timo, maggiorana, ecc..), parmigiano grattugiato a piacere, sale q.b.

Procedimento: Inserire 300gr. di zucchine a pezzi e tritare 10 sec. a Vel.3, aggiungere ancora 200gr. di zucchine e dare 2-3 colpi a Vel.Turbo; unire olio, aglio, foglie di menta e 50gr. di acqua e cuocere 15min. 100° Vel.1. (Ricordarsi di togliere l'aglio). Condire la pasta e cospargere di parmigiano.

16.1.3.4 Sugo Di Pomodoro E Ricotta

Ingredienti: 400gr. pomodori, 150gr. ricotta, 40gr. olio extravergine di oliva, 2 spicchi aglio, 1 manciata di prezzemolo, 30gr. parmigiano (facoltativo), sale e pepe.

Procedimento: Mettere nel boccale olio e aglio: 3min. 100° vel 1. Togliere l'aglio e inserire i pomodori e il prezzemolo: 30 sec vel 5. Salare e pepare se si vuole e cuocere: 15min. 100° vel 1. Unire la ricotta e amalgamarla: 20 sec vel 2/3. Condire la pasta e cospargere di parmigiano se si vuole.

16.1.3.5 Sugo Alla Micheletto (Ai Funghi)

Ingredienti: 500gr. funghi champignons, 200gr. olio, molta maggiorana, pochissimo aglio, cipolla, prezzemolo.

Procedimento: Soffriggere aglio, cipolla, prezzemolo con poco olio: 3min. 100° vel 4. Unire funghi, il resto dell'olio, maggiorana: 20-30 sec Turbo (deve venire una crema). Cuocere 20min. 100° vel 2 (Negli ultimi 5min. tenere il misurino inclinato). Ottimo per condire fettuccine.

16.1.3.6 Ragu' Per Polenta

Ingredienti: 300gr. di carne macinata, 3 salsicce spellate a pezzi, 1 kg di pomodori pelati o a pezzi, ½ gambo di sedano, 1 carota, ½ cipolla, 1 mis olio, ½ mis vino rosso, sale.

Procedimento: Inserire nel boccale carota, sedano, cipolla e olio e cuocere: 3min. 100° Vel.1. Aggiungere le salsicce: 20 sec vel 3. Unire la carne: 3min. 100° vel 1. Aggiungere i pomodori: 30min. 100° vel 1.

16.1.3.7 Gnocchi Di Patate

Ingredienti: Per 4 persone. 800gr. di patate sbucciate e a pezzi, 700gr. di acqua, 200gr. di farina, sale q.b.

Procedimento: Inserire nel boccale acqua e sale: 10min. temp *Varoma* vel 1. Posizionare il *varoma* con le patate: 20-30 minuti temp *Varoma* vel 2. Accertarsi che le patate siano cotte. Eliminare l'acqua di cottura, asciugare bene il boccale e inserire subito le patate e un pizzico di sale: 10 sec vel 4 spatolando. Unire la farina dal foro del coperchio: 20 sec vel 6, aiutandosi, se serve, con la spatola. Disporre l'impasto su una spianatoia infarinata, formare dei rotolini e tagliarli a pezzetti di circa 2 cm. (se si vogliono gli gnocchi rigati, passarli sui rebbi di una forchetta). Cuocerli in acqua bollente salata, scolarli mano a mano che vengono a galla e condirli con pesto o ragù e abbondante parmigiano grattugiato.
Nota: usare patate farinose a pasta bianca. Aumentare la quantità di farina se si usano le patate novelle. Se si vogliono gnocchi più sodi aggiungere 100gr. di farina ed 1 uovo.

16.1.3.8   Sugo Ai Carciofi E Pecorino.... Verde

Ingredienti: 6 carciofi romani (o 1 busta di cuori di carciofo surgelati), 30gr. olio extravergine di oliva, 30gr. di capperi salati sciacquati, 50gr. olive di gaeta snocciolate, 1 spicchio aglio, 1 cipollina, 100gr. vino bianco secco, 1 ciuffo di prezzemolo, 100gr. pecorino romano, sale q.b.
Procedimento: Nel boccale ben asciutto mettere pecorino a pezzi e prezzemolo: 20 sec vel 6 e mettere da parte (deve venire grossolano). Senza lavare il boccale inserire olio, cipollina e aglio: 3min. 100° vel 3. Inserire la farfalla e unire i carciofi puliti e tagliati a spicchi, i capperi e le olive: 3min. 100° vel 1. Unire il vino e un po' di sale: 15min. 100° vel 1 (se occorre, aggiungere qualche cucchiaio di acqua). Condire la pasta e cospargere di pecorino "verde".

16.1.3.9   Sugo Di Pomodoro Profumato Alle Erbe

Ingredienti: 400gr. pelati, 30gr. olio extravergine di oliva, 1 cipolla media e/o spicchio aglio, 1 cucchiaio di maggiorana (o timo, o dragoncello, o rosmarino secco tritato, o origano, ecc..), 150gr. vino bianco secco, pecorino o parmigiano grattugiato, sale e pepe q.b.
Procedimento: Mettere nel boccale l'olio con aglio e/o cipolla: 3min. 100° vel 4. Aggiungere il vino: 3min. 100° vel 1. Unire i pelati i pelati e le erbe scelte, sale e pepe: 10min. 100° vel 1. Amalgamare: 10/20 sec vel 4. Condire la pasta e cospargere di formaggio grattugiato.

16.1.3.10   Sugo Al Pomodoro E Rucola

Ingredienti: 400gr. polpa pronta a cubetti, 50gr. di rucola, 1-2 spicchi di aglio, 30gr. olio extravergine di oliva, sale q.b.
Procedimento: Mettere nel boccale la rucola: 5-10 sec vel 3 e metterla da parte. Inserire olio e aglio: 3min. 100° vel 1. Togliere l'aglio e unire i pomodori e il sale: 5min. 100° vel 1. Aggiungere la rucola: 1min. 100° vel 1. Condire la pasta e, se si vuole, cospargere di pecorino grattugiato.
Nota: se si ha più tempo si possono usare i pomodori pachino, lavati, tagliati a metà, privati dei semi e fatti sgocciolare.

16.1.3.11   Sugo Del Boscaiolo

Ingredienti: 250gr. funghi freschi ben puliti a fettine, 400gr. polpa pomodoro, 3 spicchi di aglio, 50gr. olio extravergine di oliva, 1 cucchiaio di prezzemolo tritato, sale e pepe.
Procedimento: Inserire nel boccale olio e aglio: 4min. 100° vel 1. Eliminare l'aglio, posizionare la farfalla, unire i funghi: 3min. 100° vel 1. Aggiungere il pomodoro e il sale: 20min. 100° vel 1. Aggiungere il prezzemolo.
Nota: si può unire a questo punto 200gr. di tonno sgocciolato e spezzettato e cuocere ancora 5min. 100° vel 1 ; si ha cosi' un sugo mare e monti.

16.1.4   Primo piatto

16.1.4.1   Vellutate Di Verdura

Ingredienti: Funghi o piselli o spinaci o bieta o carciofi o patate o asparagi, ecc...

Procedimento: Fare un soffritto a scelta: cipolla e burro, oppure cipolla, aglio, olio oppure olio, lardo e cipolla: 3min. 100° vel 3. Unire la verdura scelta e cuocere: 2min. 100° vel 3. Unire 1-2 cucchiai di farina e latte, oppure brodo, oppure acqua e sale: 15-20min. 100° vel 2. Alla fine omogeneizzare: 10-20 sec vel Turbo. E' facoltativo aggiungere alla fine panna o burro e parmigiano. Servire con crostini abbrustoliti.

16.1.4.2   Passati Di Verdura

Ingredienti: Verdura, acqua, dado bimby
Procedimento: Mettere nel boccale le verdure a pezzi grossi e tritare: 30-40 sec vel 3 spatolando. (dipende dal tipo e dalla quantità di verdure: deve diventare un trito, se serve: ancora 10-20 sec vel 3). Unire acqua, fino a coprire appena la verdura, e dado bimby e cuocere 15min. 100* vel 1. Ala fine omogeneizzare: 10-20 sec vel Turbo e servire con un filo di olio extravergine di oliva e parmigiano.

16.1.4.3   Passati Di Verdura Con Soffritto.... Dietetico

Procedimento: Mettere nel boccale cipolla o aglio e olio: 2-3min. 100° vel 3 (il soffritto non fa male perché la cottura non supera i 100°). Poi si procede come nella ricetta precedente.

16.1.5   *Salse*

16.1.5.1   Spuma Di Prosciutto O Tonno O Salmone

Ingredienti: 250gr. prosciutto cotto (in una sola fetta) o salmone (ritagli) o tonno ben sgocciolato, 2 vaschette philadelphia light, sale, pepe, succo di limone secondo i gusti.
Procedimento: Mettere il prosciutto (o salmone o tonno) a pezzi nel boccale (si possono unire, a seconda dei gusti, capperi, cetriolini, acciughe, carciofini, ecc..): 10 sec da 0 a Turbo. Raccogliere bene il composto con la spatola. Unire gli altri **ingredienti:** 30 sec vel 4. Mettere in una ciotola e tenere in frigorifero qualche ora, ma se si ha fretta si può usare anche subito. Si serve su fettine di pane, normale o tostato, crackers, sandwich, ecc..

16.1.5.2   Salsa Tapenade

Ingredienti: Per 6 persone. 30gr. di acciughe, 1 spicchio aglio, 100gr. olive nere snocciolate, 20gr. capperi, 30gr. tonno sott'olio, succo di ½ limone, 50gr. olio extravergine di oliva.
Procedimento: Inserire dal foro del coperchio con lame in movimento a Vel.5, tutti gli ingredienti tranne l'olio: 1min. vel 5. Aggiungere a filo l'olio: 30 sec vel 5 e 10 sec vel Turbo. Ottima per verdure crude, uova sode, carni o pesci bolliti e per tartine. Si conserva molti giorni in frigorifero coperta con un velo di olio.

16.1.5.3   Salsetta Per Verdure

Ingredienti: 1 mazzetto basilico, 2 spicchi aglio, 2 cucchiai di aceto bianco, 100gr. olio extravergine di oliva, peperoncino piccante secondo i gusti, sale.
Procedimento: Inserire nel boccale tutti gli ingredienti tranne l'aglio: 10 sec vel 5. Programmare 30 sec e far partire le lame da vel 5, lentamente portarle a Turbo inserendo dal foro del coperchio gli spicchi di aglio. Raccogliere il composto con la spatola: 20-30 sec lentamente da vel 3 a vel 5.

16.1.5.4   Salatini Bibi'

Ingredienti: 60gr. parmigiano o groviera o pecorino o feta greca (anche mescolati), 100gr. farina, 50gr. acqua, 50gr. olio, 1 cucchiaino lievito in polvere per torte salata, sale e pepe.

Procedimento: Grattugiare i formaggi: 30 sec vel 6. Mettere gli altri ingredienti nel boccale: 30 sec vel 5. Togliere dal boccale con un cucchiaino e fare tanti piccoli mucchietti sulla placca del forno unta di burro (o foderata di carta da forno). Mettere in forno caldo a 160° per 20min. circa. Sono buoni tiepidi o freddi e sono cosi' veloci che si possono preparare appena arrivano gli ospiti.

16.1.5.5   Chipster Elide

Ingredienti: Per 35 chipster. 40gr. parmigiano, 40gr. burro morbido, 40gr. farina da polenta "bramata", 1 pizzico di sale.

Procedimento: Inserire nel boccale il parmigiano a pezzi: 20 sec Vel.Turbo. Unire burro e farina: 20 sec da vel 3 a vel 6. Foderare una teglia con carta da forno. Formare con l'impasto delle palline grosse come nocciole, poggiarle sulla carta da forno ed appiattirle con la forchetta. Mettere la teglia in forno già caldo a 180° per 10min. circa. (Non devono colorire troppo, devono rimanere dorate; cuocendo si sciolgono e diventano sottili). Farle raffreddare e servirle con gli aperitivi.

16.1.5.6   Salsa Tipo Ketchup 1 (Estate)

Ingredienti: 10 prugne fresche senza nocciolo (circa 400gr. pulite), 5 pomodori maturi (medi) (circa 450gr. puliti), 1 spicchio aglio, 1 foglia alloro, 2 chiodi di garofano, 100gr. di aceto di vino, 60gr. di zucchero, 1 cucchiaino di sale, 1 peperoncino piccante.

Procedimento: Inserire tutti gli ingredienti nel boccale: 30 sec vel Turbo. Cuocere 30min. 100° vel 3. Se è ancora liquido: 10min. temp *Varoma* vel 1. Omogeneizzare: 20 sec vel Turbo.

16.1.5.7   Salsa Tipo Ketchup 2 (Inverno)

Ingredienti: 4 prugne secche snocciolate (messe in acqua tiepida 30min. e poi asciugate), 450gr. polpa pomodoro, 1 spicchio aglio, 1 foglia di alloro, 2 chiodi di garofano, 100gr. di aceto di vino, 30gr. di zucchero, 1 cucchiaino di sale, 1 peperoncino piccante.

Procedimento: Inserire tutti gli ingredienti nel boccale: 30 sec vel Turbo. Cuocere 30min. vel Turbo. Se è ancora liquido: 10min. temp *Varoma* vel 1. Omogeneizzare: 20 sec vel Turbo.

16.1.5.8   Salsa Tipo Ketchup 3

Ingredienti: 500gr. pomodori maturi, 50gr. aceto, 1 cucchiaino di zucchero, 1 cucchiaino sale, 1 pizzico cannella, 2 chiodi di garofano, 1 pizzico di peperoncino, 1 pugno di funghi secchi ammollati e strizzati (facoltativi).

Procedimento: Inserire nel boccale tutti gli **ingredienti:** 30 sec vel 10. Cuocere 20min. 100° vel 4.

Nota: se i pomodori sono un pochino acquosi, cuocere senza misurino mettendo sul foro del coperchio il cestello capovolto per evitare gli schizzi. Se sono molto acquosi: versare la salsa in una padella bassa e molto larga e far asciugare a fuoco vivace per pochi minuti mescolando.

16.1.5.9   Maionese Antisalmonella

Ingredienti: ½ misurino aceto leggero, 1 cucchiaino sale fino, 2 uova intere, 500gr. olio di semi.

Procedimento: Inserire nel boccale aceto e sale: 1.30min. 100° vel 1. Versare le 2 uova precedentemente rotte in un bicchiere e portare velocemente a vel 5, poi a vel 8 versando rapidamente l'olio. (Lavorare in fretta altrimenti si cuoce!). Si conserva a lungo in frigorifero. Se non si usa spesso, metterla in barattolini ben chiusi.

16.1.5.10   Maionese Senza Uova

Ingredienti: 2 mis latte lunga conservazione temp. Ambiente, 4 mis olio di semi, sale.

Procedimento: Mettere tutto insieme nel boccale e far andare da vel 1 a vel 7 finchè non cambia rumore. Viene una salsa bianca, della consistenza della maionese, che si può insaporire con aglio e prezzemolo tritati, oppure con capperi, acciughe, sottaceti, cipolla, curry, ecc... E' adatta per tartine e sandwich.

16.1.6 Varoma

16.1.6.1 Consigli Generali

500gr. di liquido per 30min. di cottura
600gr. di liquido per 45min. di cottura
Mettere il liquido nel boccale: 8-12min. temp *Varoma* vel 3. Togliere il misurino, posizionare il *varoma* e cuocere: 30min. temp *Varoma* vel 3.
Nel boccale, per insaporire: acqua e dado, anche acqua, vino, dado, cipolla, carota, sedano o altri aromi.

16.1.6.2 Rotoli Al Tonno

Ingredienti: Per le "non" frittate: 3 uova intere, 30gr. parmigiano, sale q.b.
Ripieno al tonno: 100gr. tonno, 150gr. ricotta, 50gr. burro morbido, 1 cucchiaio capperi, 2 cucchiai maionese, prezzemolo.
Procedimento: Inserire nel boccale le uova, il parmigiano e il sale: 10 sec vel 6. Mettere da parte e preparare il ripieno: inserire dal foro del coperchio con lame in movimento a vel 5 il tonno, i capperi, il prezzemolo pochi secondi a vel 5. Unire tutti gli altri **ingredienti:** 10-20 sec vel 5 e mettere da parte. Senza lavare il boccale inserire 500gr. di acqua ed un pizzico di sale: 6min. temp *varoma* vel 1. Coprire il vassoio del *Varoma* con carta da forno bagnata e strizzata, versarci metà composto di uova (100gr. circa) e posizionare il Varoma: 7min. temp *Varoma* vel 2. Ripetere con l'altra metà di composto. Spalmare con il ripieno le frittatine, arrotolarle e metterle in frigo per almeno 3 ore. Si servono tagliate a rondelle.

16.1.6.3 Rotoli Al Prosciutto

Ingredienti: Per le "non" frittate: 3 uova intere, 30gr. parmigiano, sale q.b.
Ripieno al prosciutto: 100gr. prosciutto cotto in una sola fetta, 150gr. ricotta, 50gr. burro morbido, 20gr. parmigiano, sale e pepe q.b.
Procedimento: Inserire nel boccale le uova, il parmigiano e il sale: 10 sec vel 6. Mettere da parte e preparare il ripieno: inserire dal foro del coperchio con lame in movimento a vel 5 il prosciutto a pezzetti: pochi secondi a vel 5. Unire tutti gli altri ingredienti: 10-20 sec vel 5 e mettere da parte. Senza lavare il boccale inserire 500gr. di acqua e un pizzico di sale: 6min. temp *Varoma* vel 1. Coprire il vassoio del *Varoma* con carta da forno bagnata e strizzata, versarci metà composto di uova (100gr. circa) e posizionare il Varoma: 7min. temp *varoma* vel 2. Ripetere con l'altra metà di composto. Spalmare con il ripieno le frittatine, arrotolarle e metterle in frigo per almeno 3 ore. Si servono tagliate a rondelle.
Note: per rendere le preparazioni più leggere si può usare solo ricotta magra insieme al tonno o al prosciutto, aumentandone la quantità e insaporendo con capperi, prezzemolo, erba cipollina tritati con il tonno, timo, rosmarino, cetriolini sott'aceto tritati per il prosciutto.

16.1.6.4 Polpettine Al Sugo

Ingredienti: 500gr. carne macinata (vitello, vitellone, mista con salsiccia), 100gr. pane raffermo, 1 spicchio di aglio, prezzemolo, 40gr. latte, 2 uova, 50gr. parmigiano, sale q.b.
Per il sugo: 30gr. olio, 400gr. polpa pomodoro, 1 cipolla o ½ spicchio aglio, 50gr. vino bianco, sale.

Procedimento: Inserire nel boccale il pane e il parmigiano a pezzi, aglio e prezzemolo: 30 sec da vel 4 a vel Turbo. Unire latte, carne, uova, sale e pepe: 40 sec vel 2/3 spatolando. Verificare che l'impasto sia morbido, ma non appiccicoso, in caso unire ancora un po' di latte o di parmigiano. Fare le polpettine e disporle nel cestello, sovrapponendole in più strati (lavorare con le mani umide i leggermente unte di olio). Mettere nel boccale olio e cipolla (o aglio): 3min. 100° vel 3. Aggiungere il vino: 2min. temp *varoma* vel 2. senza misurino. Unire il pomodoro, sale e pepe e inserire il cestello con le polpettine: 30min. 100° vel 4. Disporre le polpettine in un piatto da portata e coprire con il sugo. Se dopo aver tolto il cestello si vede che il sugo è troppo liquido si può addensare: 10min. temp *varoma* vel 2 con il misurino leggermente inclinato.

Volendo si possono cuocere contemporaneamente delle verdure nel Varoma, mettendo al temperatura a varoma.

16.1.6.5   Polpettine Al Varoma Con Salsetta Veloce

Ingredienti: 500gr. carne macinata (vitello, vitellone, mista con salsiccia), 100gr. pane raffermo, 1 spicchio di aglio, prezzemolo, 40gr. latte, 2 uova, 50gr. parmigiano, sale e pepe. Per cuocere e per la salsetta: sedano, carota, cipolla, 100gr. vino bianco, 400gr. acqua, dado. (se serve: 20-30gr. farina e 30-40gr. burro).

Procedimento: Inserire nel boccale il pane e il parmigiano a pezzi, aglio e prezzemolo: 30 sec da vel 4 a vel Turbo. Unire latte, carne, uova, sale e pepe: 40 sec vel 2/3 spatolando. Verificare che l'impasto sia morbido ma non appiccicoso, in caso unire ancora un po' di latte o di parmigiano. Fare le polpettine e disporle nel Varoma, badando a non chiudere tutti i fori, sovrapponendole in più strati. Mettere nel boccale le verdure a pezzi, acqua, vino, dado: 8min. temo *varoma* vel 3. Togliere il misurino, posizionare il *Varoma* e cuocere: 30min. temp *varoma* vel 3. Togliere il *Varoma* e controllare la densità del liquido di cottura e omogeneizzare 30 sec vel Turbo. Se la salsetta è troppo liquida, unire burro e farina: 5min. 80° vel

3. Disporre le polpettine in un piatto fondo da portata e coprire con la salsetta.

16.1.6.6   Polpettone Al Varoma Con Salsetta Veloce

Ingredienti: Per 6 persone. 500gr. carne macinata (vitello, vitellone, mista con salsiccia), 100gr. pane raffermo, 1 spicchio di aglio, prezzemolo, 40gr. latte, 2 uova, 50gr. parmigiano, sale e pepe (Nota: se non si mette il parmigiano, aumentare il pane a 140gr. e il latte a 60 gr). Contorno: Verdure miste (sedano, carote, cipolla, broccoli, zucchine ecc..) tagliate in modo appropriato. Salsetta: sedano, carota, cipolla, 200gr. vino bianco, 400-500gr. acqua, 1 cucchiaio di dado. (se serve: 20- 30gr. farina e 30-40gr. burro).

Procedimento: Inserire nel boccale il pane e il parmigiano a pezzi, aglio e prezzemolo: 30 sec da vel 4 a vel Turbo. Unire latte, uova, sale e pepe: 30 sec vel 3. Unire la carne 30-40 sec vel 2/3 spatolando. Verificare che l'impasto sia morbido ma non appiccicoso, in caso unire ancora un po' di latte o di parmigiano. Formare due polpettoni, ungerli leggermente di olio e disporli nel *Varoma* contornandoli di verdure. Mettere nel boccale acqua, vino, dado, carota, sedano e cipolla: 6min. temo *varoma* vel 4. Posizionare il *Varoma* e cuocere: 30min. temp *varoma* vel 1. Controllare che i polpettoni siano cotti e togliere il Varoma. Controllare la densità del liquido di cottura e omogeneizzare: 30 sec vel Turbo. Se la salsetta è troppo liquida, unire burro e farina: 5min. 80° vel 4. Tagliare il polpettone e servire con la salsetta e le verdure.

Nota: il polpettone è squisito anche freddo con una salsetta appetitosa: salsa tonnata, stuzzicante, verde, ecc…

Si può variare l'impasto come si vuole. Per una carne che sembri un girello, usare carne chiara di vitello e/o pollo, tacchino: non mettere né aglio né prezzemolo e lavorare la carne 30-40 sec a vel 3: l'impasto viene più fitto e quando poi viene tagliata, la fetta sembra di girello. Per esempio, per un vitello tonnato, usare carne chiara non mettere aglio, prezzemolo e parmigiano nell'impasto e aggiungere invece una scatola di tonno al naturale ben sgocciolato insieme al latte, uova, ecc…

16.1.6.7 Involtini Saporiti Nel Cestello Con Verdure A Varoma

Ingredienti: 500gr. di fettine sottilissime (carpaccio, straccetti), 2-3 salsicce, 100gr. di pane raffermo. 40gr. di latte, sale e pepe, 1 spicchio aglio e un ciuffetto di prezzemolo, sale e pepe, 1 cipolla, 1 gambo di sedano, 1 carota, 30gr. olio, 50gr. vino bianco secco, 400gr. di acqua, 1 cucchiaio scarso di dado bimby. Nel *Varoma* le verdure miste tagliate sottili o a piccoli pezzi.

Procedimento: Inserire nel boccale le salsicce spellate, pane, latte, aglio, prezzemolo, sale e pepe: 30 sec da vel 4 a vel Turbo. Stendere bene le fettine, spalmare l'impasto e chiuderle ad involtini; infarinarli leggermente e disporli nel cestello a strati. Inserire nel boccale cipolla, sedano, carota e olio: 3min. 100° vel 3. Unire il vino e far evaporare: 2min. 100° vel 1. Aggiungere acqua e dado e inserire il cestello: 6min. 100° vel 3. Togliere il misurino, posizionare il *Varoma* con le verdure e cuocere: 25-30 minuti temp *varoma* vel 3. Togliere il *Varoma* e il cestello, verificare la quantità del liquido di cottura e unire una noce di burro e 1 cucchiaio di farina: 3min. 80° vel 3. Intanto disporre sul piatto da portata gli involtini e le verdure. Amalgamare la salsetta 20 sec a vel Turbo e versare sulla carne.

16.1.6.8 Involtini Con Verdure Al Varoma E Riso Pilaff Nel Cestello

Ingredienti: 700gr. di fettine sottilissime, 2-3 salsicce, 100gr. di pane raffermo. 40gr. di latte, 1 panino raffermo, 40gr. di parmigiano, sale, pepe, prezzemolo, qualche ago di rosmarino, 1 foglia di salvia, 400gr. di acqua, 50gr. vino bianco, 1 cucchiaio di dado bimby, . 1 carota, 1 gambo di sedano, ½ cipolla. Nel Varoma, insieme agli involtini, verdure miste tagliate a fettine e bastoncini. Nel cestello, 250gr. di riso di tipo orientale.

Procedimento: Mettere nel boccale le salsicce, il pane, il parmigiano e il latte: 30-40 sec da vel 4 a vel Turbo. Farcire gli involtini e disporli nel Varoma, contornandoli con le verdure. Mettere nel boccale la carota, il sedano e la cipolla a pezzetti e inserire il cestello vuoto: 10 sec vel 3. Unire l'acqua, il dado e il vino: 10min. 100° vel 2. Posizionare il Varoma: 20min. temp *Varoma* vel 1. Versare dal foro del coperchio il riso nel cestello: 2min. temp *varoma* vel 4 e poi 15min. temp *varoma* vel 1. Quando è tutto pronto disporre riso, verdure e involtini in un piatto da portata. Lasciare nel boccale il fondo di cottura, unire 1 cucchiaio di farina e una noce di burro e cuocere: 3min. 80° vel 4. Versare la salsina sul riso.

Nota: se si preferisce nel cestello si possono mettere patate a grossi spicchi, invece del riso, seguendo poi la stessa ricetta.

16.1.6.9 Pollo Xadrez (Colorato)

Ingredienti: 2 petti di pollo tagliati a cubetti non troppo piccoli, 2 cipolle, 1 spicchio aglio, 30gr. olio, l'equivalente di un peperone: dadini gialli, verdi e rossi, 1 mis e ½ di mandorle pelate, 1 mis farina, 200gr. di vino bianco secco, ½ cucchiaio di salsa di soia, origano, sale e pepe.

Procedimento: Affettare sottilmente una cipolla e metterla da parte. Tritare grossolanamente le mandorle: 20 sec vel 4 e metterle da parte. Inserire nel boccale, cipolla, aglio e olio: 3min. 100° vel 3. Salare il pollo, infarinarlo leggermente e metterlo nel boccale con le fettine di cipolla e il vino: 20min. 100° vel 1. Unire i dadini di peperone, le mandorle e la salsa di soia: 10min. 100° vel 1. Servire con riso a vapore e pomodorini al varoma.

16.1.6.10 Pomodorini Ripieni Al Varoma

Ingredienti: 300gr. pomodorini ciliegia, 100gr. pane raffermo, 30gr. parmigiano o pecorino, 1 spicchio aglio, 1 ciuffetto di prezzemolo lavato e asciugato, 30gr. olio, sale e pepe, basilico tagliato a julienne.

Procedimento: Lavare, asciugare i pomodorini, tagliare un coperchietto, svuotarli dai semi e metterli da parte a testa in giù (se sono molto piccoli si possono tagliare a metà). Mettere nel boccale il pane a pezzi, parmigiano, aglio, prezzemolo, sale e olio: 30 sec da vel 4 a vel Turbo. Farcire con questo composto i pomodorini, coprire con basilico e rimettere il coperchietto. Disporli nel *Varoma* e cuocerli 20min. temp *Varoma* vel 1 (v. sotto "riso a vapore").

16.1.6.11   Riso A Vapore

Ingredienti: 300gr. di riso di tipo orientale (chicco stretto e lungo), 1 lt acqua, sale.
Procedimento: Versare nel boccale 1 lt acqua, salarla, posizionare il cestello vuoto: 8min. temp *varoma* vel 1. Aggiungere il riso dal foro del coperchio: 20min. temp *varoma* vel 3. Dopo 2min. di cottura, mettere a vel 1. Contemporaneamente cuocere i pomodorini ripieni nel Varoma.
Idea extra: Purè croccante
Tritare grossolanamente noci e/o mandorle (o arachidi o nocciole). Unirle al purè dopo aver unito il burro e mescolare sempre con farfalla a vel 2/3.

16.1.6.12   Coniglio Alle Erbe

Ingredienti: 1 coniglio disossato e tagliato a bocconcini, erbe aromatiche: rosmarino, maggiorana, salvia, timo, origano, aglio e peperoncino, ½ cipolla, 70gr. vino bianco, 50gr. acqua, dado bimby.
Procedimento: Macerare i bocconcini nel vino (o in uguale quantità di latte) per 2 ore circa. Soffriggere cipolla e olio: 2min. 100° vel 4. Con lame in movimento a vel 5 aggiungere le erbe aromatiche: 30 sec vel 5. Posizionare la farfalla e inserire i bocconcini ben sgocciolati e asciugati: 3min. 100° vel 1. Unire il liquido della marinata, l'acqua, il dado e cuocere: 30min. 100° vel 1.

16.1.7   *Pane*

16.1.7.1   Treccia-Cornetti

Ingredienti: 70gr. olio oliva, 1 cubetto lievito, 250gr. latte, 1 uovo intero, 650gr. farina, 2 cucchiaini di sale, 1 cucchiaio raso di zucchero.
Procedimento: Inserire nel boccale olio, lievito, latte, uovo: 10 sec vel 6. Unire la farina, il sale e lo zucchero: 30 sec vel 6. (E' un impasto molto morbido, deve venire più soffice del pane). Poi 2min. vel spiga: questo porta l'impasto, naturalmente, a 29°: cosi' lievita in modo naturale e in poco tempo e diventa molto digeribile. E' importante poi mettere l'impasto in una ciotola non fredda: l'ideale è una ciotola di plastica. Poi si copre con una pellicola facendo attenzione che non tocchi l'impasto o con un panno. Quando è lievitato, si divide l'impasto a metà e si possono fare due trecce diverse, o cornetti dolci o salati.
Treccia
Con metà impasto lievitato stendere un rettangolo, tagliare in 3 parti, mettere su ogni rettangolo la farcia e richiudere ogni rettangolo poggiandolo con l'apertura in basso, poi formare la treccia; poggiarla sulla placca del forno e farla lievitare ancora 30 minuti circa poi pennellare bene con 1 uovo battuto e infornare a 180° in forno già caldo (gas 200° a metà altezza) per 30-40 minuti. Farcia: prosciutto e formaggio tritati, o qualunque avanzo del frigorifero, anche verdura, ecc…
Cornetti:
Tagliare dei triangoli, poggiarli con la punta verso di noi, farcirli o mettere semplicemente una fettina di prosciutto e un pezzo di sottiletta, arrotolarli in modo che la punta resti sotto, piegare leggermente i cornetti e poggiarli sulla placca del forno e farli lievitare di nuovo. Poi pennellarli bene con l'uovo battuto e cuocerli in forno già caldo a 180° per 20-30 minuti (dipende dalla grandezza dei cornetti).

16.1.7.2   Grissini Piatti

Ingredienti: 500gr. farina, 250gr. acqua, 20gr. olio, 10gr. sale.
Procedimento: Inserire nel boccale tutti gli **ingredienti**: 30 sec vel 6, poi 1min. spiga. Stendere la pasta sottile e tagliare a strisce (come tagliatelle), stenderle sulle griglie del forno e infornare a 220° per 20min. Si mantengono buonissimi per molti giorni. Si può cospargere la pasta (già stesa) di rosmarino o semi di sesamo, stendere ancora un po' per farli ben aderire e tagliare.

16.1.7.3   Piadina

Ingredienti: 500gr. farina, 200gr. latte, 150gr. olio o strutto, 1 cucchiaino sale fino.

Procedimento: Mettere nel boccale latte, olio o strutto e sale: 10 sec vel 4. Unire la farina: 30 sec da 0 a vel 6 poi 30 sec vel 8, poi 1min. vel spiga. Dividere la pasta in tante pagnottelle grosse come un uovo; con il mattarello spianarle in dischi di ½ cm, infarinare ogni disco, impilarli uno sull'altro e coprire con un telo; mettere al fuoco una padella di ferro (o una buona antiaderente) e farla scaldare bene, poi diminuire il fuoco e metterci su un disco di pasta; punzecchiarlo con i rebbi di una forchetta e far cuocere bene sui due lati; continuare cosi' fino ad esaurimento della pasta tenendo al caldo le piadine. La piada va mangiata calda.

Note: si possono preparare prima e scaldarle poi in forno o nel tostapane.

16.1.7.4 Cecina

Ingredienti: 250gr. ceci secchi, 700gr. acqua, sale e pepe, rosmarino (facoltativo).
Procedimento: Inserire i ceci nel boccale ben asciutto: 1min. da vel 3 a vel 7 poi 1.30min. vel Turbo. Tostare: 3min. 100° vel 4. Inserire, con le lame in movimento a vel 4, l'acqua: 2min. vel 4. Unire il sale. Ungere di olio una teglia e versare l'impasto, cospargere di olio e volendo di rosmarino e mettere in forno già caldo a 200° per 30min. circa.

16.1.7.5 Pane Casareccio ... Nel Forno Di Casa

Ingredienti: 150gr. lievito di 3 giorni, 400gr. di acqua, 700gr. farina, 1 cucchiaino di sale.
Procedimento: Lievito di 3 giorni: tre giorni prima, prendere dall'impasto base per la pizza 150gr. di pasta e metterla in un contenitore in frigorifero.
Al momento di fare il pane mettere questo lievito nel boccale insieme ad acqua e farina: 2min. da vel 1 a vel 6. Unire il sale: 2min. a vel spiga. Far lievitare per almeno 2 ore. Lavorare l'impasto, dividerlo in 2 pagnotte e far lievitare ancora 2 ore. Cospargerlo di farina per dargli un aspetto rustico e cuocere in forno già caldo a 220° per circa 40 minuti tenendo nella parte bassa del forno una teglia con acqua per creare vapore.

16.1.7.6 Pane Integrale

Ingredienti: 500gr. farina integrale, 20gr. sale, 25gr. lievito di birra, 200gr. latte scremato, 20gr. zucchero, 30gr. olio, 100gr. acqua, semi di sesamo a piacere.
Procedimento: Inserire nel boccale latte, acqua, olio, lievito e zucchero: 30 sec 40° vel 2. Aggiungere dal foro del coperchio con lame in movimento a vel 6, farina e sale: 30 sec vel 6 e 2min. vel spiga. Lasciar lievitare l'impasto nel boccale coperto da un canovaccio (o in una terrina) per circa 2 ore. Quando l'impasto è lievitato, formare uno o più pani e disporli sulla placca del forno, ben distanziati tra di loro. Con un coltello fare delle incisioni a croce o in diagonale su ciascun pane, ricoprire con un canovaccio e far lievitare di nuovo per circa 1 ora. Pennellare il pane con acqua, cospargerlo di semi di sesamo e cuocerlo in forno preriscaldato a 200° per 20 minuti. Pennellare ancora con acqua e continuare la cottura a 180° per 20min. circa. Nota: porre nel forno un contenitore con dell'acqua, renderà il pane migliore.

16.1.7.7 Panini Alla Francese

Ingredienti: 300gr. latte, 1 cubetto lievito di birra, 90gr. olio di oliva, 20gr. zucchero, 10gr. sale fino, 500gr. farina.
Procedimento: Inserire nel boccale lievito, latte, olio, zucchero: 40 sec 40° vel 1. Versare la farina e il sale: 20 sec vel 5 e 2min. vel spiga. Mettere in un recipiente e aspettare che lieviti completamente (volete un ... termometro naturale ? mettere in un bicchiere di acqua fredda una pallina di impasto appena fatto: appena verrà a galla l'impasto sarà ben lievitato). Stendere l'impasto leggermente, senza lavorarlo, dello spessore si un dito. Tagliare con il misurino dei tondini e posarli sulla placca del forno (foderata, se si vuole, di carta forno). Lavorare bene una piccola pallina di questo impasto e metterla in un bicchiere di acqua fredda: quando verrà a galla l'impasto sarà ben lievitato. Spennellare i panini con un rosso d'uovo battuto a parte con 3 cucchiai di latte e infornare in forno caldo a 220° per 20 minuti circa. (Se si tagliano con un bicchiere largo vengono i panini da hamburger).
Nota: con lo stesso impasto, messo a lievitare in uno stampo rettangolare, viene uno stupendo pane a cassetta: cottura 180° per 40 minuti.

16.1.7.8   Panini Sofficissimi Elide

Ingredienti: 500gr. farina, 150gr. acqua, 100gr. latte (o ancora acqua), 10gr. zucchero, 20gr. sale, 60gr. margarina, 1 cubetto lievito di birra.

Procedimento: Mettere nel boccale lievito, acqua, latte e zucchero: 5 sec vel 6. Unire la margarina: 10 sec vel 6. Aggiungere farina e sale: 30 sec vel 6 e 1 minuto vel spiga. Mettere in una ciotola e far lievitare. Stendere la pasta molto sottile, tagliarla in 6 o 7 rettangoli o quadrati, pennellarli di margarina e sovrapporli, premendo appena per farli ben aderire; tagliare poi a quadrotti e poggiarli sulla placca del forno; far lievitare nuovamente. Pennellarli con un po' d'acqua emulsionata con un goccio di olio e metterli a cuocere in forno già caldo a 180° per 20-25 minuti (dipende dalla grandezza dei quadrotti).

16.1.8   Pastella per i fritti

16.1.8.1   Consigli Generali

La pastella va lavorata molto poco, altrimenti non si attacca bene agli alimenti. In genere va poi fatta riposare, quando si fa a mano. Con il bimby non ci sono problemi perché è lavorata in cosi' breve tempo che si può anche usare subito. Non salare mai la pastella, il fritto si sala solo quando è pronto, altrimenti non resta croccante e la pastella si stacca.

Un altro segreto è di preparare tutte le verdure o il pesce da friggere, con un certo anticipo: si pulisce tutto e si fa asciugare su un vassoio; se gli ingredienti fossero ancora bagnati, o se si ha fretta, si possono passare nella farina e si setacciano per togliere l'eccesso e poi si immergono nella pastella.

Verdure adatte: funghi champignon senza gambo e tagliati a quarti, finocchio tagliato a metà e poi a fette non troppo sottili, carote e zucchine a bastoncini, melanzane a fette spesse e poi a bastoncini, peperone a striscette, gamberi e gamberoni sgusciati. Le cipolle (usare quelle rosse di Tropea) hanno bisogno di un trattamento: si tagliano a fette grosse, poi si staccano gli anelli e si mettono a bagno in acqua e ghiaccio per 10 minuti circa, poi si asciugano passandole nella farina e setacciandole: le fibre restano più sode e il sapore è migliore. Per vedere se l'olio è pronto, mettere una fogliolina di prezzemolo nell'olio caldo: quando intorno si formano delle bollicine si può cominciare a friggere.

16.1.8.2   Pastella Tradizionale

Ingredienti: con uovo: 300gr. di farina, 1 uovo intero, 1 cucchiaino di bicarbonato, 300gr. acqua.
Senza uovo: 300gr. di farina, 350gr. acqua normale o frizzante o birra. **Procedimento:** Inserire nel boccale tutti gli **ingredienti:** 20 sec vel 5. Ideale per zucchine, fiori di zucca, carciofi, ecc… si può usare subito, non deve riposare.

16.1.8.3   Pastella Leggerissima (Tipo Tempura)

Ingredienti: 150gr. farina, 150gr. fecola, 100gr. acqua, 100gr. birra, 3-4 cubetti di ghiaccio

Procedimento: Inserire nel boccale tutti gli ingredienti tranne il ghiaccio: 20 sec vel 5. Versare in una ciotola e metterci il ghiaccio; mescolare delicatamente finchè è ben fluida, e non fila più. Togliere i residui del ghiaccio, bagnare le verdure ben asciutte nella pastella e friggerle in olio di arachidi abbondante (già caldo a 180°). Questa pastella è trasparente ed è bellissimo vedere la buccia della zucchina o il colore dei gamberoni (prima sgusciati ed asciugati).

16.1.9   Torte e gelati

16.1.9.1   Per I Gelati In Generale

Bisogna lavorare velocemente, altrimenti il gelato comincia a sciogliersi: è importante verificare la consistenza con la spatola: appena si sente che è ben mantecato bisogna fermare il bimby, se si frulla troppo comincia a sciogliersi.

16.1.9.2 Per I Gelati Con Base Di Crema Cotta (Latte E Panna Oppure Latte, Uova E Panna)

Una volta mantecati si possono conservare nel surgelatore. Per evitare che induriscano troppo, si può aggiungere un addensante: 10gr. di neutrogel, 30 oppure 10gr. di amido di frumento (sono pacchetti della pane degli angeli "frumina").

16.1.9.3 Torta Semplicissima

Ingredienti: 100gr. di yogurt, 90gr. olio di semi, 30gr. cacao amaro, 20gr. nescafè, 160gr. farina, 150gr. zucchero, 2 uova intere, 1 bustina di lievito per dolci, 1 pizzico di sale.

Procedimento: Inserire tutti gli ingredienti nel boccale: 50 sec vel 6 spatolando. Versare l'impasto in uno stampo da ciambellone o in una teglia (diam. 24 cm.) imburrata ed infarinata e cuocere in forno già caldo a 180° per 40 minuti circa. Sformare e spolverizzare di zucchero a velo. Se si vuole tutta bianca, eliminare cacao e nescafè. Ottima per colazione e pomeriggio. Si può servire versando sulle fettine la crema bimby calda.

16.1.9.4 Pain D'epices

Ingredienti: 250gr. latte (o latte di soia), ½ cucchiaino di sale, 500gr. miele liquido, 250gr. farina 0, 250gr. farina integrale, 1 cucchiaino di bicarbonato di sodio, 3 cucchiaini di zucchero di canna, spezie: 1 cucchiaino da caffè di zenzero in polvere, 1 cucchiaino da caffè di cannella in polvere, 1 cucchiaino da caffè di anice in polvere, ½ cucchiaino da caffè di noce moscata in polvere, 1 chiodo di garofano, buccia di 1 arancia grattugiata, 2 cucchiai di acqua di fiori d'arancio.

Procedimento: Mettere latte e sale nel boccale: 3min. 100° vel 4. Aggiungere il miele: 10 sec vel 5. Unire tutti gli altri **ingredienti:** 30 sec vel 7 spatolando. Imburrare ed infarinare 2 stampi da plum.cake o uno stampo grande, versarci l'impasto e far riposare per 1 ora. Mettere in forno già caldo a 150° per circa 1 ora.

16.1.9.5 Ciambellone Soffice (Egitto)

Ingredienti: Per 8 persone: 3 uova intere, 200gr. di zucchero, 250gr. farina, 1 bustina di lievito, 130gr. olio di semi di mais, 130gr. acqua, 1 bicchierino da liquore di rhum, un pugno di uvetta (Facoltativo: 1 o 2 cucchiai di cacao), burro o margarina per lo stampo, pangrattato per lo stampo (usare uno stampo con il buco da 25 cm.), zucchero a velo per guarnire.

Procedimento: Mettere nel boccale lo zucchero, le uova, l'olio, l'acqua e il rhum: 30 sec vel 4. Versare la farina, poi il lievito: 40 sec vel 7. Unire l'uvetta: 10 sec vel 2 (se non si vuole vedere l'uvetta: 10-15 sec vel 4.). Ungere uno stampo con il buco di burro (o margarina), cospargerlo di pangrattato e versarci tutto l'impasto se si vuole solo bianco; altrimenti versare metà dell'impasto, unire all'altra metà, con lame in movimento a vel 2., il cacao e versarla nella teglia (viene un effetto marmorizzato). Cuocere in forno già caldo a 180° per 25-30 minuti. Sformare il dolce su una griglia e cospargerlo di zucchero a velo. Far raffreddare prima di servire.

Nota: è ottimo come dessert, viene molto più soffice dei soliti ciambelloni.

16.1.9.6 Latte Condensato

Ingredienti: 140gr. latte in polvere intero (o 180gr. se è scremato; è meglio quello intero), 180gr. zucchero, 150gr. acqua.

Procedimento: Inserire nel boccale zucchero e latte in polvere: 8 sec vel Turbo. Raccogliere il composto con la spatola e aggiungere l'acqua: 10min. 80° vel 3. Dura in frigorifero 1 mese ben chiuso in un contenitore.

16.1.9.7 Crema Caramellata Velocissima

Ingredienti: 500gr. latte intero, 200gr. latte condensato, 1 cucchiaino raso di maizena o 50gr. di farina, 3 uova intere.

Procedimento: Inserire nel boccale tutti gli **ingredienti:** 10 sec vel 8. Cuocere 10min. 80° vel 3. Intanto versare in una padellina 1 mis e mezzo di zucchero, metterlo su fuoco alto e far caramellare, girando continuamente per 3 minuti circa. Versare nello stampo con il buco e far bene aderire alle pareti. Appena la crema è pronta versarla nello stampo. Si serve molto fredda, dopo averla capovolta in un piatto da portata con i bordi un po' alti per non far uscire lo sciroppo.

Nota: se non si ha sottomano uno stampo con il buco, si può usare una ciotola di pyrex con al centro un bicchiere appoggiato.

16.1.9.8   Caramello Sempre Pronto

Ingredienti: 500gr. zucchero, 250gr. acqua, 1 cucchiaio aceto di mele o succo di limone.

Procedimento: Inserire nel boccale 200gr. di zucchero e 150gr. di acqua: 5min. 90° vel 1. Intanto mettere in un pentolino antiaderente 300gr. di zucchero e 100gr. di acqua e far fondere a fuoco moderato senza mescolare: quando avrà un colore mogano chiaro, spegnere, aggiungere l'aceto o il succo di limone, mescolare e unire allo sciroppo nel boccale e cuocere: 3min. 100° vel 4-5 finchè la schiuma scompare (se serve cuocere ancora 1 minuto). Versare in un barattolo con chiusura ermetica. Si conserva a lungo.

16.1.9.9   Budino Al Cioccolato

Ingredienti: Per 8 persone. 1 lt latte, 110gr. farina, 150gr. zucchero, 80gr. burro, 80gr. cacao amaro, 1 busta vanillina, liquore per lo stampo.

Procedimento: Mettere tutti gli ingredienti nel boccale: 12min. 80° vel 3. Bagnare con il liquore uno stampo grande da budino, rigirandolo bene da tutte le parti. Versare la crema ottenuta, far intiepidire e mettere in frigorifero per almeno 3 ore. E' molto gradevole accompagnato da panna montata.

16.1.9.10   Crema Moka

Ingredienti: Per 4 persone. 500gr. latte, 2 uova, 40gr. farina, 150gr. zucchero, ½ mis di caffè solubile, 30gr. cioccolato fondente, (1 bustina di vanillina facoltativa). Per guarnire: panna montata o amaretti.

Procedimento: Inserire nel boccale latte, uova, farina e zucchero: 7min. 80° vel 3. Allo scadere del tempo programmare 20 sec vel 3 e con le lame in movimento versare caffè, cioccolato e, se si vuole, la vanillina. Versare in una ciotola, fa intiepidire e tenere in frigorifero. Servire con ciuffetti di panna montata o con amaretti sbriciolati.

16.1.9.11   Succhi Di Frutta

Procedimento: Mettere nel boccale frutta, zucchero e ghiaccio 20 o 30 sec vel 3 (diventa tutta trita uguale). Poi 20-30 sec vel Turbo (diventa come un purè). Lame in movimento a vel 2: unire acqua fino alla densità voluta.

16.1.9.12   Gelati-Sorbetti Veloci Di Frutta Senza Latte

Ingredienti: almeno 500gr. di frutta congelata a pezzi (tolta 5 minuti prima dal freezer), 1 limone (possibilmente congelato) pelato a vivo e senza semi, a pezzi, 80- 100gr. di zucchero, boccale ben freddo (si può raffreddare bene mettendoci qualche cubetto di ghiaccio, tritare 20 sec a Turbo, buttare via e asciugare bene).

Procedimento: Mettere nel boccale lo zucchero: 10 sec vel Turbo. Unire la frutta e il limone: 30-40 sec vel 7 poi 20 sec vel 4. Portare a vel Turbo spatolando e controllare con la spatola la consistenza: fermare appena è giusta (circa 20-30 sec, dipende dalla frutta).

16.1.9.13   Gelato Veloce Di Frutta Con Latte

Ingredienti: 300gr. frutta congelata pulita e a pezzi, anche mista (messa in un sacchetto, non in un contenitore), 500gr. di latte congelato in cubetti, 100gr. di zucchero, succo di ½ limone.

Procedimento: Raffreddare il boccale con 3-4 cubetti di ghiaccio: 20 sec vel 5. Buttare via il ghiaccio ormai sciolto, asciugare il boccale e inserire lo zucchero: 10 sec vel Turbo. Unire la frutta e il latte congelati e il succo di limone: 40 sec vel 7 e poi 20 sec vel 4 spatolando. Servire subito in coppe o bicchieri ben freddi, si scioglie facilmente se fa molto caldo.

16.1.9.14   Sorbetto Veloce Con Frutta Fresca E Ghiaccio

Ingredienti: 600gr. ghiaccio, 400gr. frutta fresca, 100gr. zucchero, 1 mis latte condensato (o 2 cucchiai di latte in polvere).

Procedimento: Mettere nel boccale ben freddo frutta, zucchero e ghiaccio: 30 sec vel Turbo spatolando. Unire dal foro del coperchio il latte condensato (o in polvere): 10-20 sec vel Turbo spatolando. Servire subito in bicchieri freddi.

16.1.9.15   Gelato Da Passeggio Di Crema Bimby

Ingredienti: 1 dose di crema bimby congelata, ½ mis di latte condensato, formine da ghiaccioli.

Procedimento: Tagliare a pezzi la crema congelata e metterla nel boccale con il latte condensato: 8 sec vel Turbo spatolando. Versare nelle formine da ghiaccioli e far indurire. Variante: si può fare una glassa di cioccolato, rivestire le formine, far asciugare e poi versarci il gelato.

16.1.9.16   Gelato Alla Frutta

Ingredienti: 250gr. latte intero, 250gr. panna fresca liquida, 150gr. zucchero, 300gr. frutta pulita, 1 pizzico di sale fino.

Procedimento: Inserire nel boccale latte, panna, zucchero e sale: 4min. 80° vel 1. Mettere da parte a raffreddare. Senza lavare il boccale inserire la frutta a pezzi: 10 sec vel 8 (se serve ancora 10 sec vel 3 e poi 10 sec vel 6: deve diventare un purè). Aggiungere la crema raffreddata e amalgamare: 10 sec vel 4. Versare in un contenitore di stagnola largo e basso e metterlo nel congelatore fino a che è completamente congelato.

Al momento di servirlo: tenere pronte le coppe o i bicchieri ben freddi. Raffreddare il boccale con 3-4 cubetti di ghiaccio: 20 sec vel 5. Buttare via il ghiaccio ormai sciolto, asciugare il boccale e inserire il gelato tagliato a pezzotti: 20 sec vel 7 e 10 sec vel 4 spatolando. Servire velocemente oppure rimettere nel congelatore. Si conserva a lungo.

Nota: si può sostituire il latte con latte di soia e la panna con panna vegetale, il risultato non sarà proprio lo stesso ma viene buono ugualmente; il procedimento è diverso. Montare la panna vegetale ben fredda con la farfalla: 40 sec vel 2/3 e mettere da parte. Scaldare latte, zucchero e sale: 4min. 80° vel 1 e mettere da parte a raffreddare. Fare un purè con la frutta come sopra. Riunire tutti gli ingredienti in un contenitore di stagnola, mescolandoli bene e poi procedere come sopra.

16.1.10   Varie

16.1.10.1   Sciroppo Di Limone

Ingredienti: 500gr. di succo di limone (circa 1.5 kg di limoni), scorza di un limone non trattato ben asciugata, 700gr. di zucchero.

Procedimento: Nel boccale perfettamente asciutto polverizzare la scorza di limone con 100gr. di zucchero: 10-20 sec lentamente da 0 a Turbo. Controllare che sia polverizzata, altrimenti raccogliere il composto con la spatola e ripetere: 10 sec vel Turbo. Aggiungere il succo dei limoni e 600gr. di zucchero: 4min. 100° vel 2. Imbottigliare e conservare in frigo.

Nota: con l'aggiunta di acqua minerale frizzante è uguale alla lemonsoda.

16.1.10.2   Detersivo Per Lavastoviglie

Ingredienti: 3 limoni interi (con buccia e semi), 200gr. sale grosso, 100gr. aceto bianco leggero, 300gr. acqua.

Procedimento: Inserire nel boccale limoni a pezzi e sale: 20 sec vel Turbo. Unire aceto e acqua: 15min. 100° vel 2. Togliere il misurino, altrimenti diventa opaco. Omogeneizzare: 20 sec vel Turbo. Tenere in un barattolo chiuso, dura a lungo. Mettere nella vaschetta la dose che si metterebbe con il solito detersivo.

16.1.10.3 Detersivo Per I Piatti

Procedimento: Aggiungere al detersivo scritto sopra: 1 mis del detersivo in uso per i piatti e 100gr. di acqua: 20 sec vel 6. Conservare in una bottiglia o in un barattolo.

16.1.10.4 Polvere Di Riso Bimby (Sostituisce Il Borotalco)

Ingredienti: 200gr. riso bianco

Procedimento: Mettere il riso nel boccale e tostarlo: 15min. 100° vel 4, poi 1min. vel Turbo. Raccogliere bene il composto con la spatola e polverizzare ancora: 2min. a vel Turbo. Se si vuole profumata, aggiungere 2 gocce del proprio profumo: 15 sec vel 3. (Non è impalpabile al tatto, sembra granulosa: assolve perfettamente alla funzione di asciugare bene la pelle e non chiude i pori come invece fa il borotalco).

17.1.1.1   Carciofi Ripieni A Varoma

Ingredienti: *(Dose per 4 persone)* 6-7 carciofi, 40gr. di parmigiano, 30gr. di pecorino, 1 uovo, 1 spicchio di aglio, 50gr. di olio, 1 mazzolino di prezzemolo, 500gr. di acqua, 1 limone, sale e pepe q.b.

Pulite bene i carciofi, tenendo solo la parte più tenera; tagliatene una parte di punta e praticate un taglio a croce sul fondo. Metteteli a bagno in acqua acidula (con l'aggiunta di limone) per circa 30 min. Nel boccale grattugiate i formaggi: 30 sec. Vel.Turbo e tenete da parte. Grattugiate il prezzemolo e l'aglio: 10 sec. Vel.5 con lame in movimento, poi unitelo ai formaggi. Amalgamate l'uovo, il prezzemolo e i formaggi nel boccale: 20 sec. Vel.3-4. Riempite i carciofi con questo composto, aprendoli bene per facilitare l'inserimento del ripieno. Adagiateli nel Varoma e irrorateli con metà dell'olio. Nel boccale versate l'acqua, il sale e una fetta di limone; posizionate il Varoma e cuocete: 40 min. circa, temp. Varoma, Vel.1. Condite i carciofi con il rimanente olio di oliva e serviteli caldi.

17.1.1.2   Crepes

Ingredienti: 4 uova, 200gr. di farina, 1\2 lt di latte, 30gr. d'olio o burro morbido a piacere.
Procedimento: Inserire nel boccale tutti gli ingredienti 20 sec Vel.5. Prima di utilizzarlo, lasciate riposare il composto per 30 minuti.

17.1.1.3   Pasta Con Carciofi E Patate

Ingredienti *(Dose per 4 persone)*: 250gr. di pasta "ditalini", 4 carciofi (solo il cuore) oppure 300gr. di carciofi surgelati, 200gr. di patate pulite e tagliate a dadini, 1 scalogno, 30gr. di pomodori secchi sminuzzati, 100gr. di pomodori maturi 100gr. di prosciutto crudo a dadini (oppure pancetta affumicata), 100gr. di caciocavallo tritato grossolanamente, 1 cucchiaio di prezzemolo tritato, 30gr. di olio di oliva, 700gr. di brodo (oppure acqua e dado), sale e pepe q.b.

Inserite nel boccale lo scalogno e l'olio: 3 min. 100° Vel.4. Unite i pomodori secchi: 5 sec. Vel.5. Aggiungere il prosciutto o la pancetta: 2 min. 90° Vel.1. Inserite la farfalla, i pomodori freschi senza semi, il cuore dei carciofi affettati, le patate, sale e pepe: 6 min. 100° Vel.1. Versate la pasta e lasciate insaporire: 2 min. 100° Vel.1. Aggiungete il brodo bollente, salate e cuocete: 10 min. 100° Vel.1. A fine cottura unite il prezzemolo e il caciocavallo. Mescolate con la spatola, travasate in una zuppiera e servite.

17.1.1.4   Risotto Alla Melagrana

Ingredienti: 1 scalogno, 40gr. di pancetta, 500gr. di riso arborio per risotti, 2 melagrane, 1 mela smith, 200gr. di gamberetti, 100gr. di Calvados (grappa di mele), 1 cucchiaio di prezzemolo tritato, 1 litro di brodo, 40gr. di olio.
Procedimento: Inserite nel boccale l'olio, lo scalogno e la pancetta: 3 min. 90° Vel.4. Aggiungete la mela sbucciata e tagliata a spicchi: 30 sec. Vel.3. Unite i gamberetti e cuocete 5 min. 100° Vel.1. Inserite la farfalla sulle lame, versate il riso e tostatelo 3 min. 100° Vel.1. Spruzzatelo con il calvados. Unite i chicchi della melagrana (tenendone da parte un po' nella risottiera) e il brodo e cuocete 13 min. 100° Vel.1. Lasciatelo riposare per 1 minuto poi versatelo nella risottiera insieme alla melagrana. Unite il prezzemolo tritato, amalgamate con il cucchiaio di legno e servite.

17.1.1.5 Risotto Pompelmo E Radicchio

Ingredienti *(Dose per 4 persone)*: 350gr. di riso Arborio per risotti, 250gr. di radicchio trevisano, 1 pompelmo (solo il succo: 150 gr.), 30gr. di burro, 30gr. di olio extravergine d'oliva, 1 scalogno, 750gr. di acqua e dado Bimby (o brodo), 30gr. di parmigiano grattugiato, sale e pepe q.b.

Procedimento: Lavate il radicchio e tritatelo: 20 sec. Vel.5-6. Unite lo scalogno e l'olio: 3 min. 100° Vel.4. Inserite la farfalla nel boccale, versate il riso e tostate: 2 min. 100° Vel.1. Aggiungete il succo di pompelmo e cuocete: 2 min. 100° Vel.1. Versate l'acqua bollente e il dado Bimby (o il brodo), aggiustate di sale e cuocete, regolandovi a piacere sul tempo di cottura: 13-15 min. 100° Vel.1. A cottura ultimata versate in una risottiera, unite burro e parmigiano, amalgamate e servite.

17.1.1.6 Rotolo Di Verza Farcito

Ingredienti *(Dose per 4 persone)*: 8 foglie di verza larghe, 100gr. di pancetta a fettine rotonde, 300gr. di patate, 150gr. di provolone dolce, 40gr. di burro, un cucchiaio di olio di oliva, 1 spicchio d'aglio, 350gr. di acqua, timo e sale **Procedimento:** Scottate in acqua bollente salata le foglie di verza per 5 min. circa. Scolatele e asciugatele con carta scottex. Togliete la parte grossa della venatura di ogni foglia senza spaccarla. Stendete ogni foglia su carta forno sovrapponendole leggermente formando un rettangolo. Coprite con la pancetta. Pelate, lavate le patate, tagliatele a rondelle sottilissime e adagiatele sulla pancetta. Insaporite con un po' di sale e timo. Mettete al centro il formaggio a pezzi e arrotolate chiudendo i lembi laterali. Mettete nel boccale l'acqua e un po' di sale 6 min. a Varoma Vel.1. Ungete la vaporiera, sistemate il rotolo e cuocete per 40 min. a Varoma Vel.1 o 2. Terminata la cottura togliete il Varoma e svuotate il boccale. Inserite nel boccale il burro, il timo e l'aglio 3 min. 100° Vel.2. Tagliate il rotolo a fette alte e servite con burro fuso aromatizzato.

17.1.1.7 Sformatini Di Melanzana

Ingredienti: 700gr. di melanzane, 350gr. di pelati, 50gr. di cipolla, 40gr. di parmigiano, 30gr. di latte, 50gr. di olio di oliva, 50gr. di burro, qualche foglia di basilico, sale e pepe q.b. 3 fette di pancarrè, 2 uova, 1 pizzico di origano.

Procedimento:
Sbucciate le melanzane, tagliate 6 fette rotonde e le rimanenti a dadini. Mettetele tutte in un colapasta, salatele e lasciate che scolino. Bagnate il pancarrè nel latte, fate soffriggere nel boccale la cipolla con 30gr. di olio: 3 min. 100° vel.1. Lavate sotto l'acqua corrente le melanzane a dadini, strizzatele, aggiungetele al soffritto e insaporite: 4 min. 100° Vel.1. Unite sale, pepe, origano e il pancarrè ben strizzato. Frullate tutto: 20 sec., Vel.5-6. Aggiungete le uova, il parmigiano e amalgamate: 20 sec., Vel.3. Mettete da parte. In una padella antiaderente friggete con il rimanente olio le melanzane a fette e sgocciolatele su carta assorbente; imburrate e riempite con il composto preparato 6 stampini da sformato (o stampini per crème caramel), quindi coprite il fondo di ogni stampino con una delle fette di melanzana. Sistemate gli stampi nel Varoma, versate nel boccale 500gr. di acqua con un pizzico di sale, posizionate il Varoma e cuocete: 30 min. temp. Varoma Vel.1. Mettete da parte gli sformatini. A boccale pulito, preparate la salsa di pomodori; sciogliete il burro: 3 min. 90° Vel.1, unite la dadolata di pomodoro, sale, pepe e lasciate cuocere: 10 min. 100° Vel.1. Sformate dagli stampi gli sformatini adagiandoli su un piatto da portata, contornate con la salsa preparata e decorate con foglie di basilico.

17.1.1.8 Tagliolini Ai Peperoni

Ingredienti: 1 peperone verde, 1 rosso, 1 giallo, 1 confezione di tagliolini, 100gr. di vino bianco secco, 30gr. di olio, 50gr. di speck, 1 cucchiaio di dado Bimby, parmigiano a piacere, sale q.b.

Procedimento: Tagliare a listarelle i peperoni e lo speck. Mettere da parte. Nel boccale olio, peperoni e dado, soffriggete: 15 min. 100° Vel.1 (fateli soffriggere per il tempo necessario ad eliminare l'acqua, non devono asciugare troppo). Aggiungete il vino bianco e lasciate evaporare: 2 min. temp. Varoma Vel.1. Unite lo speck e proseguite la cottura: 1 min. 100° Vel.1. Cuocete i tagliolini, conditeli col sugo preparato ed una manciata di parmigiano.

17.1.1.9   Torta Di Zucca

Ingredienti *(Dose per 4 persone)*: 400gr. di zucca cotta, 200gr. di zucchero, 100gr. di farina, 100gr. di burro morbido, 50gr. di cacao amaro, 4 uova, 1 dose di lievito per dolci.
Procedimento: Mettete nel boccale lo zucchero e le uova: 40 sec., Vel.4. Unite la farina, la zucca, il burro morbido e il cacao, quindi frullare: 1 min. da Vel.3 a Vel.6. Unite il lievito e amalgamate: Vel.3-4, pochi sec. Versate in una tortiera precedentemente imburrata e cuocete in forno caldo a 80° per 20 min. (Il tempo di cottura è indicativo perché può variare a seconda del tipo di forno).
CONSIGLIO: Perfetta per una colazione o una merenda, questa torta può sostituire quella al cioccolato, con un vantaggio: contiene meno calorie. Come dessert può essere accompagnata da panna montata.

17.1.1.10   Zuccotto Di Marroni

Ingredienti: 600gr. di marroni, 300gr. di mascarpone, 1 uovo, 350gr. di pan di spagna in 3 fette, 50gr. di amaretti, 2 cucchiai di liquore all'amaretto, 1 cucchiai di zucchero, 2 cucchiai di Rhum, 1 foglia di alloro, sale q.b., acqua q.b.
Procedimento: Fate a velo lo zucchero: 40 sec. Vel.da 4 a Turbo. Incidete i marroni e lessateli in acqua salata con l'alloro. Sbucciateli e riduceteli a purea: 20 sec. da Vel.4 a Turbo per 20 sec. Montate il tuorlo con lo zucchero a velo e incorporate il mascarpone. Dividete il composto a metà. Ad una metà unite gli amaretti sbriciolati e il liquore all'amaretto; all'altra metà i marroni frullati e il Rhum. Rivestite con la pellicola uno stampo da zuccotto e foderate con una fetta di pan di spagna spennellato con Rhum e acqua in parti uguali. Spalmate sul fondo la crema agli amaretti, coprite con la seconda fetta di pan di spagna spennellato, spalmate la crema ai marroni e sovrapponete la terza fetta di pan di spagna. Coprite e lasciate in frigorifero per almeno 2 ore.

17.1.1.11   Colomba Pasquale (Amici)

Ingredienti *(2 colombe)*: 250gr. farina 00 300gr. di manitoba 120gr. Burro 125gr. Zucchero 100gr. scorzette di arancio candito (infarinate) 35gr. lievito di birra 50gr. Latte 100gr. uvetta (ammollata e asciugata) 50gr. di pinoli 4 uova intere. Per la glassa: 2 albumi montati a neve 50gr. di mandorle ridotte in polvere 40gr. di zucchero a velo mandorle a lamelle.
Inserite nel boccale il lievito con il latte: 13 sec. 40 gradi scarsi Vel.3. Aggiungere100gr. farina 20 sec. Vel.5; coprite con il misurino e lasciate lievitare per 1 ora. Azionare 3 sec. Vel.5 e versate dal foro 70gr. acqua e 150gr. di farina 20 sec. Vel.5, spatolando. Coprite con il misurino e lasciate lievitare per1 ora e mezza. Aggiungete poi, dal foro del coperchio, le uova, il burro, lo zucchero e il sale: 10 sec. Vel.5. Con le lame in movimento fate cadere dal foro del coperchio la restante farina: 10 sec. Vel.5. Lavorate poi a Vel.spiga 5 min. Ad apparecchio fermo aggiungete dal foro del coperchio la frutta candita passata nella farina, l'uvetta e la buccia raschiata di un'arancia: 20 sec. Vel.3. Versate l'impasto in uno stampo di carta per colomba (io ne ho usati due un po' più piccoli, dose perfetta) mettete a lievitare in forno spento per 5-6 ore. Infornate a 180 gradi per circa 30 minuti. Amalgamate agli albumi montati a neve le mandorle sminuzzate e lo zucchero a velo. Estraete dal forno le colombe, cospargete con la glassa e le mandorle a lamelle, rimettete in forno a solidificare per 5 minuti.

17.1.1.12   Cornetti

Ingredienti: gr.500 farina gr.150 zucchero gr.150 burro morbido 4 uova se grandi 3gr. 50 di latte 1 cubetto di lievito un pizzico di sale.

Procedimento: Inserire nel boccale il latte e riscaldarlo per 1min. temp. 40 Vel.1. Aggiungere il lievito e scioglierlo nel latte 10 sec. Vel.5, inserire le uova il burro lo zucchero e la farina con un pizzico si sale e amalgamare per 30 sec. a Vel.6. Poi impastare per 30 sec. Vel.spiga. Lasciar lievitare l'impasto nel boccale, dopo la lievitazione togliere l'impasto porlo su una spianatoia infarinata e stenderlo in un rettangolo, tagliarlo a triangoli se si vogliono i cornetti già farciti porre sul lato largo la farcitura voluta (nutella, crema, marmellata) arrotolarli fino ad arrivare alla punta del triangolo curvarli a mò di mezzaluna farli lievitare nuovamente e porli in forno caldo a 200° per circa 10 min. cospargerli con zucchero a velo.

Note: Se si congelano toglierli dal congelatore la sera prima lasciarli lievitare tutta la notte e al mattina infornarli.

17.1.1.13 Crema Di Tofu All'arancia

Ingredienti: 200gr. di zucchero; scorza di un limone; 80gr. di marmellata di arance; 20gr. di limoncello, arancello o mandarinetto; 400gr. di tofu;

Procedimento: Polverizzare a Vel.turbo 200gr. di zucchero con la scorza di un limone. Inserire 80gr. di marmellata di arance, 20gr. di limoncello, arancello o mandarinetto e 400gr. di tofu. Lavorare il tofu a vel.da 1 a 4 incrementando molto lentamente, spatolando e raccogliendo il composto sul fondo per il tempo necessario per ottenere una crema morbida e omogenea (circa 2 min.). Nel frattempo disporre un pezzetto di biscotto savoiardo sul fondo di una coppetta e bagnarlo con un po' di liquore agli agrumi. Versare la crema di tofu nelle coppette e guarnire con una spolverata di cocco grattuggiato.

Note: Servire ben fredde.

17.1.1.14 Dessert Di Mele

Ingredienti: 3 mele; 130gr. di acqua; 1 limone; 70gr. di zucchero; 20gr. di cacao in polvere; alcuni savoiardi

Procedimento: Sbucciare e tagliare a pezzi 3 mele Metterle nel boccale insieme a circa 130gr. di acqua, il succo di un limone e 70gr. di zucchero Frullare per 10 sec. Vel.5 Cuocere per 5 min. 90 gradi Vel.4 A metà cottura, dal foro del coperchio, aggiungere 20gr. di cacao in polvere A cottura ultimata frullare ancora per 10 sec. Vel.6 Disporre un pezzo di biscotto savoiardo in stampini da budino e versarvi all'interno la crema di mele. Essendo piuttosto liquida, il biscotto tenderà a venire a galla: spingerlo giù con un cucchiaino così che si inzuppi bene e resti sul fondo.

Note: Servire freddo. Il cacao tende a coprire il gusto della mela, quindi non bisogna metterne troppo.

17.1.1.15 Madpurè

Ingredienti: 1 dose di purè per bimby; uovo; parmiggiano;burro (o stracchino se lo vuoi più leggero);pezzetti di scamorza affumicata, provola, o altro formaggio stagionato a piacere.

Procedimento: Al termine della preparazione del purè, mantecare con tutti gli ingredienti sopra esposti. Mettere il composto in una pirofila, cospargere di formaggio grattugiato e mettere in forno a gratinare per una decina di minuti circa.

17.1.1.16 Panini Alla Francese Modificati

Ingredienti: 3 mis. Latt 1 lievito di birra 1 mis. olio di semi 20gr. zucchero 10gr. sale 200gr. farina integrale 100gr. crusca 100gr. farina tipo "0" 100gr. farina tipo"00"

Procedimento: Inserire nel boccale olio latte zucchero lievito: 40° 40 sec vel.1. Farina sale Vel.5 20 sec + 2 min. Vel.spiga. Lasciare lievitare, stendere 1 impasto (non troppo sottile) attendere ancora 1 ora e metterli in forno preriscaldato per circa 20 min.

17.1.1.17 Panna Da Cucina (O Quasi)

Ingredienti: 2 mis. Latte 4 mis. olio di semi

Procedimento: Inserire nel boccale il latte, poi con le lame in movimento Vel.5 aggiungere olio di semi. Frullare da vel.5 fino Vel.8 per 30 secondi.

Note: Da utilizzare quando si e' senza la vera panna.

17.1.1.18   Passatelli

Ingredienti: 4 uova 240gr. pane raffermo 120gr. Parmigiano una noce di burro sale pepe noce moscata

Procedimento: Inserire nel boccale parmigiano e pane a pezzetti Vel.turbo 10 sec., aprire il coperchio e riunire il composto con la spatola quindi ripetere l'operazione. Aggiungere le uova, il burro, sale, pepe e noce moscata e impastare a Vel.6 per 30 sec. spatolando. Togliere il composto dal boccale, formare una palla con le mani e metterla nello schiacciapatate (con i fori larghi). buttare i passatelli che escono dall'attrezzo direttamente nel brodo bollente, lasciarli cuocere pochi minuti quindi servirli spolverati di parmigiano.

17.1.1.19   Polpettone Di Seitan

Ingredienti: 2 scalogni; 30gr. di olio; 500gr. di seitan al naturale; prezzemolo; 50gr. di farina integrale setacciata; 10gr. di latte.

Procedimento: Mettere nel bimby 2 scalogni con 30gr. di olio: 3 min. 100° Vel.1 Aggiungere 500gr. di seitan al naturale a pezzi, un po' di prezzemolo tritato, 50gr. di farina integrale setacciata e 10gr. di latte: lavorare gli ingredienti per 5 min. circa a Vel.variabile tra 3 e 6 fino ad ottenere un impasto sodo ma ben omogeneo. Se necessario, aggiungere un pochino di latte o di farina, a seconda dei casi. Formare con l'impasto un polpettone, passarlo nel pangrattato, disporlo in una teglia unta d'olio e metterlo a cuocere in forno per circa 30 min. a 180°

17.1.1.20   Quiche Di Cipolle Con Pasta Al Vino

Ingredienti: Per l'impasto: 300gr. di farina; 75 gr.di vino; 75gr. di olio; sale q.b. *Per la farcitura:* 800gr. di cipolle affettate; 30gr. di olio; 100gr. di gruviera tritato; 30gr. di parmigiano grattugiato; 100gr. di panna; 50gr. di latte; 2 uova; sale e pepe q.b.

Procedimento: Mettere tutti gli ingredienti per l'impasto nel boccale: 20 sec. vel.6 e 40 sec. Vel.Spiga. Dividere la pasta in 2 parti, di cui una il doppio dell'altra, e con il pezzo piu' grande foderate una teglia (26 cm). Preparate il ripieno inserendo la farfalla nel boccale con olio e cipolle: 20min. 100° Vel.1 Unite latte, panna, uova, formaggi, sale e pepe: 10 sec. vel.1 Versate il composto nella teglia foderata, stendete il restante pezzo di pasta, tagliatelo a strisce e formate un reticolato sulla superfice. Cuocete in forno preriscaldato a 180° per 40 min. circa

17.1.1.21   Risotto Alle Mandorle E Carote

Ingredienti: 1 etto di mandorle; 2 carote; 30gr. di olio; 1 spicchio di aglio; 3 etti di riso; 50gr. di vino bianco; 700gr. di acqua; burro e parmiggiano a piacere.

Procedimento: Tritare 1 etto di mandorle (io le preferisco pelate): 10 sec. Vel.5 e conservare a parte. Tritare 2 carote a Vel.5 o 6 per pochi secondi e tenere da parte. Mettere nel boccale 30gr. di olio e uno spicchio d'aglio: 3 min. 100° Vel.1 Inserire la farfalla, mettere 3 etti di riso nel boccale e tostare per 2 min. 100° Vel.1 Sfumare con 50gr. di vino bianco: 2 min. 100° Vel.1 Unire il trito di mandorle e carote, versare 700gr. di acqua e unire il dado vegetale: cuocere per 12-13 min. a 100° Vel.1 A cottura ultimata mantecare con burro e parmigiano.

Note: Prestare molta attenzione ai tempi di cottura, pena ritrovarsi alla fine con una roba papposa ottima per farci delle polpette da impanare e buttare nel padellone di frittura.

17.1.1.22   Sunfocaccia

Ingredienti *(2 colombe)*: 600gr di farina; 500gr. di acqua; 1 patata lessa (almeno 100gr); lievito di birra (1 cubetto 30gr); 30gr. di sale; 2 cucchiai di olio di oliva; 1 cucchiaino di zucchero.

Procedimento: Inserire nel boccale l'acqua, il sale, lievito, zucchero e olio: 1 min. 40°C vel.4 Aggiungere la patata lessa: 15 sec. vel.4 Unire la farina: 30sec. vel.5 e 2 min. Vel.Spiga. Versate il tutto in un paio di teglie medie precedentemente oliate, copritele, e lasciatele crescere per almeno 1h e 30 min. Irrorrare la superfice delle focacce con olio extravergine di oliva e sale. Io aggiungo anche pomodorini e origano.... i pomodorini spingeteli nell'impasto. Forno a 200°C per 35 minuti circa (anche meno)

Note: La vera focaccia pugliese prevede che la farina sia mista fra semola e tipo "00". Io le miscelo e faccio 400gr di 00 e 200gr. di semola.

17.1.1.23 Zuppa Di Farro

Ingredienti: 150gr. di farro; 1 l e mezzo di acqua; dado bimby q.b.; sedano, carota, cipolla e una foglia di salvia; 3/4 di misurino di salsa di pomodoro; 1/2 misurino di olio di oliva.

Procedimento: Prima tritare il farro 1min. a Vel.6-7 e metterlo da parte. Se si vuole che rimangano dei chicchi più grandi, dare tre colpi di turbo soltanto. Inserire nel boccale l'olio con sedano, carota e cipolla 3min. 100° Vel.4 Inserire il farro, l'acqua, il dado, la foglia di salvia e la salsa di pomodoro facendo cuocere per 40' a 100° Vel.1 Volendo si può sfruttare il vapore e mettere nel varoma delle verdure da cuocere. Completare la zuppa con crostini di pane e formaggio grattugiato.

17.1.1.24 Aperitivo Fantastico

Ingredienti: (Dose per 16 persone):
250 g. Fragole fresche o congelate - 350 g. Sorbetto al limone - 150 g. Liquore al limone o maraschino - 4 crodini - 400 g. Acqua

Procedimento: Fare sorbetto al limone. Inserire nel boccale: fragole, sorbetto, liquore e acqua: 30 sec. Vel.6
Unire i crodini e servire.

17.1.1.25 Patè Di Olive

Ingredienti: (Dose per 10 persone):
300gr. di olive nere snocciolate e cotte al forno
90gr. di olio extravergine di oliva
1 spicchio d'aglio
1 cucchiaino di origano sale
q.b.

Procedimento: Inserire nel boccale, dal foro del coperchio con lame in movimento (vel.6) olive e aglio:
20 sec. vel.6
Raccogliere il trito con la spatola e unire 60gr. di olio, sale e origano:
vel.3 per 1 min. o più, finché il composto sarà ben amalgamato.
Mettere in un vasetto, coprire con il restante olio e conservare in frigorifero. E' ottimo per tartine, bruschette e per condire spaghetti.

17.1.1.26 Snack Al Rosmarino

Ingredienti: (Dose per 10 persone):
10 g. di aghi di rosmarino - 500 g. di farina - 70 g. di olio di oliva - 200 g. di acqua - 10 g. di sale - 50 g. di strutto - 1 cubetto di lievito di birra

Procedimento: Inserire nel boccale gli aghi di rosmarino e 1 cucchiaio di farina: 20 sec. Vel.6 Aggiungere strutto, olio, lievito e acqua: 10 sec. Vel.6 e 1 min. e 1•2 Vel.spiga. L'impasto deve risultare morbido e liscio. Metterlo da parte e lasciarlo lievitare per 40 min. in luogo tiepido. Stendere l'impasto dandogli la forma di un rettangolo alto circa 1 cm, tagliare dei bastoncini larghi 1 cm. e 1•2 e lunghi 5 cm, spennellarli con olio e cuocerli in forno preriscaldato a 200° per 20 min. circa.

17.1.1.27 Mousse Di Tonno

Ingredienti: 1 scatola di tonno da 170 g. -2 rossi d'uovo - Olio di arachidi - 1 limone - 2-3 fogli di gelatina - Ketchup, senape, sale, pepe q.b.

Procedimento: Mettere a bagno i fogli di gelatina in acqua tiepida per 10 min. circa

- Preparare la maionese. (Con la farfalla) Inserire nel boccale i 2 rossi + sale + pepe + succo di 1•2 limone + 1 cucchiaino di senape.
Posizionare il misurino sul coperchio e, con le lame in movimento a vel.3 introdurre l'olio a filo per 1 min./1min. e 1•2
- Aggiungere il tonno: 20 sec. Vel.4
- Aggiungere ketchup + 1 cucchiaio di limone: 10 sec. Vel.2-3
- Aggiungere la gelatina strizzata: 10 sec. Vel.2
Versare in uno stampo bagnato
Tenere in frigo per 4-5 ore prima di servire

17.1.1.28   Pennette Alla Contadina

Ingredienti: 500 g. di pennette - 700 g. Pomodorini invernali maturi - 100 g. di olio - 2 spicchi di aglio - 1 peperoncino - 2 cucchiai di pecorino grattugiato **Procedimento:** Inserire nel boccale olio + aglio + peperoncino: 3 min. 100° vel.1 Nel frattempo, lavare i pomodorini, aprirli, inserirli nel boccale dopo avere tolto il peperoncino e l'aglio, continuare la cottura: 15 min. Temp. Varoma Vel.1
A fine cottura togliere il tutto, versandolo in una coppa. Inserire nel boccale (senza lavarlo) 1 litro e 1•2 di acqua e portare ad ebollizione: 10 min. 100° vel.1
Quando l'acqua bolle, versare le pennette + sale grosso e cuocere per i minuti specificati sulla confezione 100° vel.1
Scolare la pasta e condirla con il pomodoro.

17.1.1.29   Risotto Ai Funghi

Ingredienti: 6-8 persone: 500gr. di riso 50gr. di funghi secchi 1 cipolla 80gr. di burro o olio 1 mis. di vino bianco 1 litro di acqua + 1 cucchiaio di dado Bimby Prezzemolo Parmigiano grattugiato con il Bimby prima di iniziare (10 sec. Vel.Turbo) sale q.b.
Procedimento: Rinvenire i funghi secchi in acqua tiepida per 1•2 ora.
Inserire nel boccale: metà funghi strizzati, olio (o burro), e cipolla 3 min. 100° vel.3
Posizionare la farfalla, inserire il riso e il vino 1 min. vel.1
Aggiungere l'acqua, il dado, i restanti funghi, il sale e cuocere 15 min. 100° vel.1
Cospargere parmigiano e prezzemolo

17.1.1.30   Rotolo Al Vapore - Delizie Dell'orto

Ingredienti: 500gr. Carne macinata
500gr. Verdure a scelta
2 salsicce - 2-3 fette prosciutto cotto 4
sottilette - 2 uova
1 panino secco Parmigiano -
dado Bimby
Odori (cipolla, carota, sedano) 1•2
lt. tra acqua e vino bianco
Aglio, salvia, rosmarino, sale e pepe
Procedimento: Tritare parmigiano, panino secco, aglio, salvia e rosmarino: (10-20 sec Vel.Turbo)
Unire carne, salsiccia, uova, sale, pepe e amalgamare (30 sec. Vel.3)
Disporre l'impasto ottenuto su due fogli di carta da forno allargando in modo da stendervi sopra le fette di cotto e le sottilette e da poter arrotolarli per formare 2 polpettoni che verranno sistemati nel varoma
Tritare gli odori (10 sec. Vel.4)
Aggiungere acqua, vino, sale e dado (4-5 min. Varoma Vel.1)
Nel frattempo preparare le patate da inserire nel cestello e i piselli (o altro) da sistemare nel vassoio del varoma.
Quando il liquido bolle inserire il cestello e posizionare il varoma e cuocere (30 min. Varoma vel.1).
A fine cottura, frullare la salsina nel boccale, aggiungere 1 cucchiaio di farina e cuocere (3-4 min. 100° Vel.1).
Tagliare a fette il rotolo, disporre il tutto su di un piatto da portata e condire con la salsina.

17.1.1.31   Strogonof

Ingredienti: 1 kg. di carne mista - 1 cipolla tagliata - 1 foglia di alloro - 1 misurino di farina - Sale q.b. - 2 misurini di vino r osso - 50 g. di burro - 200 g. di panna da cucina
Procedimento: Tritare la cipolla a vel.4
Far soffriggere nel boccale la cipolla con il burro per 3 min. 100° vel.1 Infarinare e salare la carne. Inserire la farfalla, unire la carne infarinata e salata, unire la foglia di alloro i due misurini di vino rosso e cuocere: 20 min. 100° vel.1; unire la panna e cuocere per altri 2 min. 100° vel.1
Note Questo piatto si accompagna bene con il purè di patate. Se rimane del sugo può essere utilizzato per condire la pasta.

17.1.1.32   Mousse Al Cioccolato

Ingredienti: 200gr. Cioccolato fondente 100gr. Latte - 4 uova 125gr. di burro morbido (Facoltativo 250gr. di panna fresca per guarnire)
Procedimento: Tritare il cioccolato (20 sec. Vel.Turbo)
Unire il latte e cuocere (2 min. 70° vel.4)
Dal foro, con le lame in movimento aggiungere il burro a pezzi e i tuorli, uno alla volta, lavorando per 20 sec. Vel.7. Versare in una ciotola e lasciare raffreddare. Nel frattempo, lavare e asciugare il boccale, inserire la farfalla e montare gli albumi con un pizzico di sale per circa 2 min. Vel.2-3. Unire delicatamente gli albumi montati al composto, versare in uno stampo e riporre in frigo (Eventualmente montare la panna per 45-90 sec. Vel.2-3 con farfalla, in un boccale ben freddo e guarnire la mousse)

17.1.1.33   Semifreddo Della Mamma

Ingredienti: 1 pan di spagna per foderare lo stampo (vedi ricetta "Pan di Spagna") - 500 g. Fragole - 500 g. Panna da montare - Succo di 4 limoni - 460 g. di zucchero - Buccia di 1 limone - 2 mis. Acqua + maraschino o limoncello
Procedimento: - Fare lo zucchero a velo con le bucce di limone: 30 sec. Vel.turbo Inserirvi il succo di 3 limoni: 10 sec. Vel.2-3 (mettere da parte) - Fare lo sciroppo: acqua + 100 g. di zucchero + maraschino (1 mis.): 4 min. 90° Vel.2 (mettere da parte) - Fare la salsa di fragola: 400 g. Fragole + 200 g. Zucchero + succo di 1 limone: 5 min. 80° vel.4 - Montare la panna: 1 min. circa vel.2-3 inserendovi a filo il succo di limone zuccherato - Foderare uno stampo con fette di pan di spagna bagnate con lo sciroppo. Riempire con la panna aromatizzata con il succo di limone. Mettere nel congelatore per almeno 2 ore. Servire con salsa di fragola

17.1.1.34   Torta Moresco

Ingredienti: 300 g. di farina - 200 g. di zucchero - 100 g. di burro morbido - 200 g. di latte - 100 g. di cioccolato fondente - 3 uova - 1 bustina di lievito 1 pizzico di sale.
Procedimento: Tritare il cioccolato: 10 sec. Vel.turbo. Aggiungere tutti gli altri
Ingredienti: 30 sec. vel.5, e per ultimo il lievito: 10 sec. vel.5, spatolando.
Versare il composto in una teglia (diam. 24 cm.), imburrata e infarinata e cuocere in forno caldo a 160° per 50 min. Quando sarà fredda, ricoprirla con Glassa Reale (vedi ricetta), codini di cioccolato o granella colorata, darà tono a questa ottima torta.

17.1.1.35   Glassa Reale

Ingredienti: 250 g. di zucchero - 1 albume - 1 cucchiaio di succo di limone
Procedimento: Inserire nel boccale lo zucchero e farlo a velo: Vel.da 0 a turbo per 30 secondi. Unire la chiara d'uovo e il limone: 40 sec. vel.6

17.1.1.36   Pan Di Spagna

Ingredienti: 6 uova 250gr. di farina 250gr. di zucchero 1 bustina vanillina 1 bustina di lievito per dolci 1 pizzico di sale
Procedimento: - Fare lo zucchero a velo 2 sec. vel.turbo

- unire le uova 20 sec. Vel.4 - versare attraverso il foro del coperchio (con lame in movimento Vel.7) la farina, la vanillina, il sale e per ultimo il lievito: 40 sec. Vel.7 - versare in una tortiera e cuocere in forno per 10 min. a 160°, 15 min. a 180° e 15 min. a 200°. E' un'ottima base per le torte farcite (vedi: Semifreddo della mamma)

17.1.1.37   Risotto Al Limone

Ingredienti: Dose per 6 persone: 500gr. di riso, scorzetta gialla e succo di 1 limone, 1, 100 lt. di acqua, 1 cucchiaio di dado Bimby, tre tuorli, 50gr. di parmigiano, 50gr. di burro, sale q.b

Procedimento: Inserire nel boccale dal foro del coperchio con lame in movimento Vel.4 la scorzetta di limone: 10 sec. Vel.8. Posizionare la farfalla, unire l'acqua, dado e il succo di limone: 6 min. 100° Vel.1. Aggiungere il riso e cuocere: 13 min. 100° Vel.1. Mettere in una risottiera burro, parmigiano, tuorli, versarvi il risotto, aggiustare di sale e mescolare rapidamente. Lasciare riposare qualche minuto prima di servire.

17.1.1.38   Pasta Per Pane O Pizza

Ingredienti: 500gr. di farina 200gr. di acqua 100gr. di latte 1cubetto di lievito di birra 20gr. di olio di oliva extravergine 10gr. di sale 10gr. di zucchero **Procedimento:** Versare nel boccale l'acqua, il latte, il lievito, l'olio lo zucchero e scioglierlo: 5 sec. Vel.4-5. Aggiungere il sale e la farina: 50 sec. Vel.6 più 1 min. a Spiga. Lasciare lievitare l'impasto, per circa un'ora, coperto ed in luogo caldo. Spalmare la teglia con olio e strutto e stendere la pasta.

17.1.1.39   Crema Catalana

Ingredienti: 750 g. (7 1•2 cubiletes) de leche, 6 yemas de huevo, 1 cucharada de almidòn para cremas o maizena, 200 g. (2 cubiletes) de azùcar, la piel de un limòn, sòlo la parte amarilla.

Procedimento: Ponga en el vaso muy seco, el azùcar y glasse 30 secundos a velocidades 5-7-9 progresivo. Anada la piel de limòn y repita la operaciòn. Cuando estén bien glaseados agregue la leche, las yemas y el almidòn o maizena. Programe 8 minutos, temperatura 90°, velocidad 4. Una vez el tempo terminado, deje girar 1 minuto màs, aproximadamente, ya sin temperatura, para que la crema no se corte. Vuelque ràpidamente en cazuelitas individuales y deje enfriar. Antes de servir, espolvoree con azùcar y queme la superficie con un hierro candente o con el utensilio adecuado.

17.1.1.40   Panini Al Latte

Ingredienti: 500 g. di farina, 250 g. di latte, 50 g. di olio di semi, 1 uovo, 1 cucchiaino di zucchero, 1 pizzico di sale, 1 cibetto di lievito di birra

Procedimento: Inserire nel boccale latte, olio, uovo, sale, zucchero e lievito 10 sec. Vel.4. aggiungere la farina e lavorare spatolando 10 sec. Vel.6 e 30 sec. Vel.spiga (se l' impasto risultasse morbido, aggiungere un pò di farina). lasciar lievitare l' impasto all' interno del boccale per circa un' ora, dopodichè formare delle palline non troppo grandi, ma neanche troppo piccole, tipo polpette, sistemarle nelle teglie e lasciar ancora lievitare fino al raddoppio del volume, prima di infornare, volendo spennellare la superficie con l' olio e cuocere a 200 per 15/20 min. circa. con una dose ne escono più o meno una trentina. (la ricetta l' ho ricopiata dal vecchio forum)

17.1.1.41   Baccala' Con Olive E Capperi

Ingredienti: 500gr. di baccalà a pezzi, 300gr. Di pomodori maturi sgocciolati, 1/2 mis. di olio, 1/2 cipolla affettata, 1 spicchio d'aglio schiacciato, 1 cucchiaio di capperi, 50gr. di olive verdi snocciolate, 1 cucchiaio di prezzemolo tritato, sale e pepe q.b.

Procedimento: Inserite nel boccale olio, cipolla, aglio e rosolate 3 min. 100°, Vel.1. Unite i pomodori, i capperi, le olive, il sale e il pepe. Inserite il cestelli con i pezzi di baccalà e cuocete per circa 20 min. 100°, Vel.1. A fine cottura versate il baccalà in una pirofila, unitevi la salsa e cospargete con il prezzemolo.

17.1.1.42 Barchette Con Uova

Ingredienti: 400gr. di pasta brisè (un impasto da ricetta base), 120gr. di ricotta, 50gr. di burro morbido, 5 uova sode, 3 cucchiai colmi di maionese, un cucchiaio di senape delicata, un cucchiaio di prezzemolo tritato, poca pasta d'acciughe, insalatina fresca di stagione.

Procedimento: Fate la pasta brisè e tenetela in frigo per 15 minuti, poi stendetela col mattarello e foderate degli stampini ovali imburrati. Bucherellate il fondo della pasta e cuocete a 170° per 15 min. lasciate raffreddare, sformate e mettete le barchette su un piatto da portata. tagliate a metà due uova sode, togliete i tuorli e metteteli nel boccale con la maionese, la senape, la ricotta e il prezzemolo tritato: 10 sec Vel.3. Tagliate a spicchi le altre uova e adagiatele nelle barchette. Mettete il composto di maionese nella siringa e decorate le barchette a piacere. Aggiungete ai 50gr. di burro morbido mezzo cucchiaino di pasta d'acciughe e mescolate il tutto. Mettete al centro di ogni barchetta un ciuffo di composto di pasta d'acciughe. servite le barchette con insalatina fresca condita e cosparsa con i due albumi sodi tritati.

17.1.1.43 Casatiello Sugna Pepe E Uova

Ingredienti: 500gr. di farina, 25gr. di lievito, 100gr. di salame napoletano, 100gr. di ciccioli di sugna, 125gr. di sugna, 12gr. di sale, 2gr. di pepe, un uovo per l'impasto + 4 uova per la decorazione, 200gr. d'acqua.

Procedimento: Inserite nel boccale acqua, lievito, sale: 5 sec Vel.4. Aggiungete 400gr. di farina: 20 sec Vel.5. Lasciate lievitare nel boccale, coprendo con una busta di plastica, per 30 minuti. Aggiungete poi la sugna, l'uovo, i ciccioli, il salame, il pepe e la restante farina: 30 sec Vel.4, poi 30 sec Vel.spiga. Adagiate l'impasto acciambellandolo in una teglia imburrata e infarinata col foro centrale di
20 cm di diametro, trattenendone un pugnetto. Disponete le uova sull'impasto equidistanti tra loro facendo una leggera pressione. Con la rimanente pasta formate dei serpentalli che disporrete a croce sulle uova, decorando con grani di pepe. Lasciate lievitare fino a che l'impasto abbia raggiunto quasi il bordo della teglia. Infornate a 200° per 20 minuti e abbassate la temperatura a 180° per altri 25 minuti.

17.1.1.44 Ciambella Bolognese

Ingredienti: 500gr. di farina, 200gr. di zucchero, 150gr. di burro freddo da frigo, 2 uova, una bustina di lievito, scorza grattugiata di limone, 50gr. di latte, un pizzico di sale.

Procedimento: Inserite nel boccale zucchero, uova, burro e sale: 40 sec Vel.3. Unite farina, limone, lievito, latte e impastate a Vel.6 per il tempo necessario ad amalgamare gli ingredienti. Formate con la pasta due cilindri, spennellate con albume e cospargete di zucchero. Infornate a 180° per 30 minuti.

17.1.1.45 Crema Bianca

Ingredienti: 70gr. di zucchero, 100gr. di mandorle pelate, 150gr. di cioccolato bianco, 30gr. di burro, 100gr. di latte.

Procedimento: Inserite nel boccale zucchero e mandorle: 20\30 sec Vel.9. Riunite il composto con la spatola e frullate per 10 sec Vel.9 fino a polverizzarlo. Dal foro del coperchio buttate il cioccolato a pezzi: Vel.5. Fermate e aggiungete burro e latte: 4min. 50° Vel.4. Travasate la crema ottenuta in vasetti e conservateli in frigo.

17.1.1.46 Dolce Di Cioccolata Al Varoma

Ingredienti: 100gr. di nocciole tostate e spellate, 3 uova, 300gr. di cioccolato fondente, 100gr. di panna fresca, 100gr. di burro, 60gr. di zucchero, 1 cucchiaio di fecola di patate, zucchero a velo.

Procedimento: Tritare le nocciole: 5 sec. Vel.5 e tenetele da parte. Tritate il cioccolato 20 sec. Vel.Turbo, aggiungete la panna e il burro e cuocete: 4 min. 60°, Vel.4. Travasate il tutto in una ciotola e sciacquate il boccale. Inserite i 3 tuorli e lo zucchero e montate 1 min. Vel.3; con le lame in movimento a Vel.3 inserite dal foro del coperchio la fecola, il cioccolato e le nocciole e lasciate a Vel.3 per qualche secondo. Travasate il tutto in una ciotola. Inserite la farfalla sulle lame e montate gli albumi aggiungendo n pizzico di sale: 2 min. Vel.3 Incorporate gli albumi al composto di cioccolato con un cucchiaio o un forchettone di legno, con movimenti non circolari ma dal basso verso l'alto. Inserite nel boccale 1/2 litro di acqua e portate ad ebollizione. Foderate il vassoio del Varoma con un foglio di carta da forno e travasateci il composto preparato. Chiudete il Varoma ed appoggiatelo sul coperchio quando comincia ad uscire il vapore. Cuocete 30 min. temp. Varoma Vel.1. Al termine della cottura il dolce si sarà gonfiato e rassodato. Rovesciate su un piatto da portata (possibilmente ovale) e lasciate raffreddare. Tagliatelo poi a quadretti o losanghe di circa 2x2 cm. e cospargete con zucchero a velo. Servite 2 pezzettini per persona accompagnando il dolce con crema inglese o salsa alla frutta o panna semi-montata.

17.1.1.47   Dolce Di San Valentino

Ingredienti: Per la pasta: 100gr. di farina, 50gr. di fecola 120gr. di zucchero 3 uova, sapore di vaniglia 1 noce di burro 1/2 misurino di curacao 300gr. di cioccolato bianco in scaglie 100gr. di granella di mandorle 1/2 bustina di lievito.
Ingredienti: Per la crema: 200gr. di mascarpone 60gr. di zucchero a velo 50gr. di cioccolato fondente a scaglie; 2 tuorli d'uovo.
Procedimento: per questo dolce occorre uno stampo a forma di cuore. Tritate le mandorle 10 sec. Vel.7 distribuite sul fondo dello stampo precedentemente imburrato. Inserite nel boccale la farina, la fecola e il burro15 sec. Vel.8 Aggiungete le uova lo zucchero il sapore di vaniglia e il lievito 30 sec. Vel.8 Versate il preparato nello stampo e cuocete in forno per 30 minuti a 180°.
Per La Crema: inserite nel boccale lo zucchero 20 sec. Vel.9 aggiungete il cioccolato a pezzi e tritate 10 sec. Vel.7. Unite i tuorli e il mascarpone 10 sec. Vel.5 Quando il dolce è freddo tagliate a metà e bagnate le parti interne di liquore. Spalmate la parte interna di crema e coprite l'altra metà che spalmerete a sua volta con la crema. Tagliate a scaglie il cioccolato e fatelo cadere a pioggia sul dolce. Decorate il cuore con una rosa rossa

17.1.1.48   Girelle All'uvetta

Ingredienti: 6oogr. di farina , 70gr. di zucchero , 1 cubetto di lievito di birra , 1 uovo intero e 3 tuorli , 120gr. di burro , 2 bustine di vanillina , 150gr. di latte , 50 ml d'acqua , 1 pizzico di sale , 100gr. di uvetta sultanina , zucchero a velo , 500 ml di crema (vedi ricetta base).
Procedimento: Inserite nel boccale acqua , latte uova burro vanillina sale lievito zucchero e farina e lavorate 20 sec. Vel.6/7. Controllate l'impasto e azionate ancora 2 min. Vel.Spiga: Inserite l'impasto in una ciotola chiusa e conservate al fresco (ma non in frigo) per tutta la notte: La mattina tirate una sfoglia di 3/4 mm. stendetevi la crema cospargetela con l'uvetta precedentemente lasciata in ammollo in acqua , arrotolate delicatamente il tutto e tagliate delle strisce di 2, 5 cm di spessore.Adagiatele su carta da forno sistemandole bene copritele con la pellicola trasparente e lasciatele lievitare a 35° x 40/50min. circa. Infornare a 190°/200° x 15/20 min. A cottura ultimata cospargete le girelle con zucchero a velo

17.1.1.49   Minestra Di Patate

Ingredienti: x 4\6. 500gr. di patate, 50gr. di burro, 100gr. di cipolla, 10gr. di prezzemolo, 10gr. di basilico, 50gr. di grana, un lt d'acqua, 80gr. di dado bimby.

Procedimento: Mettete nel boccale grana, basilico e prezzemolo: 30 sec Vel.9. Mettete da parte. Inserite nel boccale burro e cipolla: 3min. 90° Vel.4. Intanto sbucciate le patate e tagliatele a julienne con l'apposito utensile. Passatele sotto l'acqua correntre e aggiungetele alle zucchine nel boccale: 5min. 100° Vel.1. Inserite acqua e dado: 12min. 100° Vel.1. Versate la minestra in piatti fondi e cospargetela con abbondante grana verde precedentemente preparato. E' gradevole anche tiepida nei pranzi o nelle cene estive.

17.1.1.50 Nidi Di Primavera

Ingredienti: 800gr. di spinaci, 600gr. di patate, 100gr. di parmigiano, 100gr. di fontina dolce spezzettata, 100gr. di prosciutto cotto in una sola fetta, 50gr. di burro, sale, pepe, noce moscata.

Procedimento: Lavate bene gli spinaci, lessateli in acqua leggermente salata e scolateli. Mettete nel boccale 500gr. d'acqua e 1\2 cucchiaio di sale grosso: 5min. 100° Vel.1. Aggiungete il cestello con le patate a pezzi: 20min. 100° Vel.1. Togliete il cestello e lasciate scolare bene le patate. Mettete nel boccale il burro: 2min. 100° Vel.1. Aggiungete il prosciutto a dadini, le patate, gli spinaci ben scolati, la noce moscata e il pepe. Amalgamate con la spatola. Imburrate una pirofila rettangolare o quadrata di circa 30 cm di lato e versate le verdure rosolate. Livellate con la spatola e formate 4 incavi schiacciando leggermente con il misurino. Mettete in ognuno un tuorlo senza spaccarlo. Montate gli albumi a neve con un pizzico di sale, aggiungete il parmigiano e incorporatelo delicatamente con la spatola. Versatelo a cerchio intorno ai 4 tuorli, formando così 4 nidi. Mettete in forno caldo a 180° per 10 minuti, dando circa 5 minuti di grill. Appena l'albume si sarà rappreso e leggermente dorato senza far indurire molto i tuorli, togliete dal forno la pirofila e servite i nidi caldi.

17.1.1.51 Pasta E Lenticchie

Ingredienti: 350gr. di tubetti piccoli, 200gr. di lenticchie, 3 pomodori pelati, 2 spicchi d'aglio, olio q.b., 1 lt. di acqua, una manciata di prezzemolo tritato, sale e pepe q.b.

Procedimento: Inserite nel boccale l'acqua, le lenticchie e l'aglio. Fate cuocere per circa 20 min. 100° Vel.1. Aggiungete nel boccale olio, sale e pepe e pomodori e lasciate cuocere ancora per 10 min. 00° Vel.1. Versate la pasta e cuocete 8 min. 100° Vel.1. A cottura ultimata versate il tutto in una pirofila e cospargete con prezzemolo. Buon appetito! Ciao:)

17.1.1.52 Pesce In Crosta

Ingredienti: 200gr. di pasta sfoglia (vedi ricetta base), 600gr. di tranci di salmone, 5 o 6 ciuffetti di spinaci, aromi (prezzemolo e timo), 30gr. di burro, sale e pepe.

Cospargete il pesce con gli aromi, avvolgetelo in carta stagnola e inseritelo nel Varoma. Sul vassoio sistemate i ciuffi di spinaci con burro e sale. Inserite nel boccale 600gr. di acqua, posizionate i Varoma sul coperchio e cuocete 30 min. Vel.3 temp. Varoma. Fate la sfoglia e sistemateci sopra gli spinaci, quindi il pesce sgocciolato e chiudete a forma di pesce. Sistemate in una teglia imburrata ed infornate per 20 min. a 200°.

17.1.1.53 Petti Di Pollo Allo Zafferano

Nel boccale, mettere mezza cipolla, 1 carota, 1 sedano, aglio e rosmarino, 2 misurini di acqua, 2 di vino bianco e mezzo di olio: Vel.7, 10 sec. Mettere, nel Varoma, lasciando la salsa nel boccale (deve cuocere!) il petto di pollo (riempito con una fetta di prosciutto) e delle patate tagliate a pezzi, salare e impostare 40 min., Vel.2, 5 –3 a temperatura Varoma. A cottura ultimata, nel boccale aggiungere un po' di farina e 1 bustina di zafferano (e del peperoncino, se piace): Vel.max e versare sul pollo. Un consiglio: non riempire troppo il Varoma e, eventualmente, mettere le patate a contatto con il fondo e sopra il pollo (in questo modo le patate cuociono meglio)

17.1.1.54 Risotto Campagnolo

350gr. di riso, 400gr. di verza, 100gr. di salsiccia, 250gr. di fagioli borlotti cotti, 100gr. di vino rosso, 30gr. d'olio, 30gr. di burro, mezzo scalogno, parmigiano grattugiato, un cucchiaio di prezzemolo tritato, dado, sale, 750gr. d'acqua o brodo. Lavate la verza in acqua calda e tagliatela a liste piuttosto alte. Inserite nel boccale lo scalogno e l'olio: 3min. 100° Vel.1. Inserite la farfalla sulle lame , mettete il riso e il vino e tostate 2min. 100° Vel.1 senza misurino. Aggiungete l'acqua, il dado e il sale: 15min. 100° Vel.1. A metà cottura unite i fagioli e portate a termine la cottura. Aggiungete il prezzemolo, il burro e il parmigiano, mescolate con la spatola. Lasciate riposare un minuto nel boccale e servite.

17.1.1.55 Sorbetto Arcobaleno

Ingredienti: 2 mele, 1 pera e mezza banana: 500gr. tagliati a pezzi e congelati oppure: 500gr. di melone (tagliato a pezzi e congelato), 500gr. di pesche (tagliate a pezzi e congelato), 500gr. di fragole (tagliate a pezzi e congelato), 500gr. di albicocche (tagliate a pezzi e congelato), 500gr. di ciliegie (tagliate a pezzi e congelato), 500gr. di kiwi (tagliato a pezzi e congelato). Per ogni 500gr. di frutta occorrono 150gr. di zucchero ed un albume.
Fate lo zucchero a velo: Vel.6-7 per 20 sec. Unite la frutta congelata a pezzi e l'albume: mescolate prima a Vel.8, poi a Turbo mantecando con la spatola per 1 min. circa. Togliete il sorbetto e conservatelo in freezer. Procedete con gli altri gusti. Consiglio: cominciare a mantecare dalla frutta più chiara fino ad arrivare alla più colorata così non occorre lavare il boccale ogni volta.

17.1.1.56 Spaghetti Al Sugo Estivo

Ingredienti: 2 ciuffetti di prezzemolo, 3-4 foglioline di basilico, 1 spicchio d'aglio, 1 scorza intera di limone (solo la parte gialla ben lavata), sale e pepe q.b., ½ mis. di olio di oliva, succo di un limone, 4 cucchiai di grana. Esec.:
Inserite nel boccale la scorza del limone e portate a Vel.Turbo per qualche secondo. Aggiungete il prezzemolo, il basilico, l'aglio, il sale, il pepe e l'olio e soffriggete 5 min. 100° ve. 1. Cuocete gli spaghetti, scolateli e aggiungete il succo del limone e il grana. Serviteli caldi.

17.1.1.57 Spaghetti Con Carciofi

Ingredienti: 5 carciofi, una cipolla, 50gr. di pancetta, mezzo misurino d'olio, 50gr. di burro, sale, pepe, un dado per brodo, parmigiano, 400gr. di spaghetti.
Pulite i carciofi, tagliateli in piccole fette e fateli marinare in acqua e limone per 10 minuti, quindi scolateli. Inserite nel boccale olio, burro, cipolla: rosolate 3min. 100° Vel.1, aggiungete la pancetta tritata e i carciofi e fate rosolare 3min. 100° Vel.1. Salate, pepate e aggiungete 1\2 bicchiere di brodo e lasciate cuocere 20min. 100° Vel.1. Lessate gli spaghetti al dente, metteteli in una padella, spolverizzate con parmigiano, spadellate pochi minuti e servite.

17.1.1.58 Sugo Alle Zucchine Crude X Sedanini Al Forno

Ingredienti: 1 mis. di vino bianco secco, 1 mis. di olio, 1/2 cipolla, 6 zucchine piccole e fresche, 3 foglie di menta, 2 mis. di parmigiano.
Inserite nel boccale l' olio, il vino e la cipolla e cuocete 10 min. 100° Vel.4. Aggiungete le zucchine e le foglie di menta e portate la velocita' a turbo x 2 o 3 volte. Lasciate riposare x 10 min. Cuocete i sedanini e scolateli al dente, aggiungete il parmigiano, mescolate e fate gratinare in una pirofila in forno x circa 15 min. a 200°. Buon appetito

17.1.1.59 Torta Alle Patate

Ingredienti: 350gr. di patate, 250gr. di farina, 100gr. di burro, 180gr. di zucchero, 100gr. di latte, 100gr. di panna fresca, 2 uova, 100gr. di fichi freschi spezzettati (o secchi), 100gr. di uvetta sultanina ammorbidita, 50gr. di cioccolato fondente, una bustina di lievito per torte, un cucchiaio di rhum, buccia grattugiata di mezzo limone, un cucchiaio di pangrattato, 600gr. d'acqua, zucchero a velo.

Mettete l'acqua salata nel boccale: 6min. temp varoma Vel.1. Posizionate il varoma con le patate a tocchetti: 20min. Vel.1-2 temp varoma. Travasate l'acqua, sciacquate il boccale con acqua fredda per raffreddarlo, inserite la farfalla. Mettete zucchero, uova, burro, scorza di limone, panna, latte e rhum: unmin. Vel.3-4. Aggiungete farina e lievito: 50 sec Vel.4, inserendo contemporaneamente le patate dal foro del coperchio. Togliete la farfalla dal boccale. Aggiungete l'uvetta asciugata, i fichi e una parte delle scaglie di cioccolata. Mescolate con la spatola. Imburrate uno stampo da plum-cake e spolverizzatelo con pane grattugiato. Versate il composto e cospargete con i rimanenti pezzetti di cioccolato. Cuocete in forno caldo a 160\170° per circa 40 minuti. Lasciate raffreddare. Sformate e servite il dolce spolverizzato con zucchero a velo.

17.1.1.60 Torta Degli Sposi

Ingredienti: 200gr. di confetti tritati, 50gr. di zucchero, 6 uova, 1 bustina di lievito, 1 bustina di vanillina, 1 pizzico di sale, ½ fialetta di aroma di mandorla, 100gr. di farina bianca, 100gr. di fecola di patate, 100gr. di burro o margarina. Per decorare: 170gr. di cioccolato fondente, 2 cucchiai di olio di oliva, mandorle a pezzetti a piacere.
Montare i 6 albumi: posizionate la farfalla sulle lame e inserite nel boccale ben asciutto due albumi alla volta con un pizzico di sale: 2 min. 40° Vel.3. Lasciate da parte gli albumi montati e inserite nel boccale i tuorli con 4 cucchiai di acqua bollente: 4 min. Vel.6. Abbassate la velocità a 3 e aggiungete gradatamente dal foro del coperchio lo zucchero, la vanillina, il burro sciolto, il sale, l'aroma di mandorla, i confetti tritati, la farina e la fecola setacciate. Infine aggiungete, sempre gradatamente con le lame in movimento a Vel.3, gli albumi ed il lievito. Mettete l'impasto in uno stampo infarinato e cuocete a 180° per 40 min. circa. Per decorare: sciogliete a bagnomaria il cioccolato con l'olio; lasciate raffreddare il dolce e ricopritelo con il cioccolato sciolto. Decorare a piacere con le mandorle a pezzetti.

17.1.1.61 Torta Di Pasqua Umbra

Ingredienti: 450gr. di farina, 150gr. d'olio o burro, 200gr. di parmigiano o groviera grattugiato + pecorino a pezzetti, 4 uova, 50gr. di latte per sciogliere il lievito, 3 dadi di lievito di birra, 10gr. di sale.
Sciogliete il lievito nel latte e unite tutti gli altri ingredienti. Amalgamate a Vel.6\7, poi unite il pecorino a dadini. Lasciate lievitare un'ora. Mettendo l'impasto in uno stampo a bordi alti come quello per panettone si ottiene la forma classica, mettendolo in una teglia da forno si ottiene la forma di una focaccia. La cottura, 45 minuti a 200°, è completata quando la torta si stacca dai bordi della casseruola. Lasciate riposare in forno spento per 5 minuti

17.1.1.62 Torta Rustica Di Patate E Zucca

Ingredienti: x 4. 1, 200 kg di zucca pulita, 1 kg di patate, 4 uova, 100gr. di grana o pecorino, 200gr. di prosciutto crudo, noce moscata, sale, 20gr. di burro, 2 cucchiai di pangrattato.
Inserite il prosciutto dal foro del coperchio con lame in movimento: 10 sec Vel.6-7 e toglietelo. Tagliate la zucca a pezzetti e mettetela nel varoma. Inserite nel boccale un litro d'acqua salata, posizionate il varoma e cuocete 20min. temp varoma Vel.1. Tenete la zucca a parte. preparate un purè come da ricettario base, aggiungendo metà del formaggio, 2 uova, sale q.b. versate il composto di patate in una tortiera imburrata e spolverata di pangrattato. Distribuitevi sopra il prosciutto tritato. Nel frattempo, nel boccale pulito, mettete la zucca cotta, il rimanente formaggio, 2 uova, noce moscata, sale q.b. Amalgamate tutto a Vel.3-4 per pochi secondi. Trasferite il composto di zucca nello stampo sopra a quello di patate e prosciutto. Livellate bene con una spatola. Infornate a 180\200° per 30 minuti. Servite tiepida.

17.1.1.63   Torta Salata

Ingredienti: per la pasta: 250gr. di farina, 150gr. di burro, un uovo, un cucchiaino di lievito per torte salate, 30gr. d'acqua freddissima, mezzo cucchiaino di sale fino. Per il ripieno: 100gr. di riso, 200gr. di piselli sgranati, 100gr. di chicchi di mais in scatola sgocciolati, 150gr. d'Emmenthal, 100gr. di panna fresca, 70gr. di parmigiano grattugiato, 30gr. di burro, un piccolo peperone rosso, 2 uova, un cipollotto, un cucchiaio di prezzemolo tritato, sale, pepe.

Mettete nel boccale farina, lievito, sale: 5 sec Vel.4. Aggiungete burro, uovo e acqua: 20 sec Vel.5. Avvolgete l'impasto nella pellicola e fate riposare in frigo per più di un'ora. Mettete nel boccale 700gr. d'acqua salata: 6min. 100° Vel.2. Inserite il cestello con piselli e riso: 14min. 100° Vel.2. Lavate e tagliate il peperone a dadini e metteteli in una ciotola. Togliete il cestello dal boccale e lasciate scolare tutto. Svuotate il boccale, mettete il cipollotto e il burro: 2min. 90° Vel.4. Aggiungete i piselli col riso, i chicchi di mais e mescolate delicatamente con la spatola. Travasate nella ciotola dei peperoni. Mettete nel boccale le uova, la panna, il parmigiano e il prezzemolo, sale e pepe: 20 sec Vel.4. Imburrate e infarinate una tortiera di 24 cm di diametro, foderatela con 3\4 della pasta e riempite con le verdure, il riso, il composto di uova e l'emmental tritato. Stendete la pasta rimasta e ricoprite la torta. Fate un piccolo taglio al centro e ripiegate i lembi. Cuocete in forno caldo a 190\200° per 45 minuti.

17.1.1.64   Torta Stella

Ingredienti: 150gr. Di cioccolato fondente, 100gr. di mandorle pelate, 30gr. di zucchero, 250gr. di burro morbido, 4 uova, 250gr. di farina, 1 bustina di lievito, 1/2mis. di latte, 50gr. di cacao dolce, zucchero a velo, 1 pizzico di sale.

Tritare cioccolato e mandorle: 10 sec. Vel.6 e mettere da parte. Inserire nel boccale zucchero e burro: 10 sec. Vel.5. Aggiungere uova, farina, lievito, latte e sale: 30 sec. Vel.5. Unire mandorle e cioccolato tritati: 10 sec. Vel.5. Riunire il composto con la spatola e versarlo in una teglia (diam. 26 cm.) imburrata ed infarinata. Cuocere in forno caldo a 180° per 50 min. circa. Lasciare raffreddare e spolverizzare con il cacao. Su un disco di cartone, grande come la torta, disegnare delle stelle e ritagliarle. Mettere il disco sopra la torta e cospargere con zucchero a velo. Togliere il cartone e servire.

17.1.1.65   Treccia Brioche

Per impasto: 300gr. farina, 80gr. latte, 80gr. burro morbido, 80gr. zucchero, 3 tuorli, 1 cucch.liquore arancia, 1 cubetto lievito birra (25 gr), 2 pizzichi di sale, 1 bustina vanillina. Per farcitura: 100gr. uvetta sultanina ammorbidita, 100gr. arance candite o 6 albicocche secche spezzettate, 50gr. mandorle pelate e tritate, 50gr. mandorle a lamelle, 3 cucch. marmellata arance, 30gr. burro fuso, zucchero a velo, granella di zucchero.

Metti nel boccale latte e lievito 10 sec. Vel.5. Aggiungi burro, tuorli, zucchero, sale, vanillina e liquore 15 sec. vel.5. Inser.farina 40 sec. vel.5 e 30 sec. vel.spiga.Togliere impasto e far lievitare x 2 ore. Sgonfiare impasto con il palmo della mano. Metterlo sulla spianatoia e dividerlo in 3 parti, fare dei filoncini di 30 cm. di lunghezza. Appiattirne uno con il matterello e al centro mettere la marmellata e cospargere con mandorle tritate. Arrotolare il filoncino. Spezzettate le albicocche o l'arancia candita e inserirla con l'uvetta negli altri due filoncini. Formate una treccia con i 3 filoni. Imburrate uno stampo da plum-cake di 30 cm di lunghezza, sistemate la treccia, spennellatela con il burro fuso e cospargetela di mandorle a lamelle e di granella di zucchero.Lasciar lievitare x 30 min. poi mettere in forno caldo a 170/180 con un tegame d'acqua inserito e cuocere x circa 30-35 min. Sfornare e servire fredda cosparsa di zucchero a velo.

17.1.1.66   Uova Ripiene Ai Funghi

Ingredienti: una dose di maionese con l'aggiunta di dragoncello tritato, 400gr. di funghi porcini, 8 uova, una piccola cipolla, 1\3 di misurino d'olio e.v., sale, pepe.

Preparate la maionese come da ricettario base e aggiungete il dragoncello finemente tritato. Mettete in frigo fino al momento di servire. Rassodate le uova, raffreddatele, sgusciatele e, con un coltellino, tagliate le punte e conservatele. tagliate leggermente anche la base per far star dritte le uova. Molto delicatamente togliete il tuorlo senza rompere il bianco. Mettete i tuorli nel boccale e date un colpetto di turbo per sbriciolarli. Toglieteli e metteteli da parte. Senza lavare il boccale inserite cipolla e funghi, che triterete grossolanamente con due colpi di turbo. Salate e aggiungete l'olio: 20min. 100° Vel.1. Se è troppo liquida addensate 5min. temp varoma Vel.1. Lasciate intiepidire, poi frullate: 20 sec Vel.6, unite ora i tuorli sbriciolati, sale e pepe: 5min. Vel.2. Distribuite il composto nelle uova, decorate con la maionese e coprite con le punte. Servitele in un piatto da portata su un letto di foglioline di lattuga fresca.

17.1.1.67 Colomba Rustica Pasquale (Rivista 1997)

200g di acqua + 100g di olio + 25g lievito di birra + 1/2 cucchiaino di zucchero +1 cucchiaio di sale + 250g di patate lessate: vel.4.
Aggiungere 550g di farina: 10" vel.5 spatolando e 30" Spiga.
Tirare la pasta su cartaforno aggiungendo se serve un po' di farina, darle la forma di colomba sulla quale inserire al centro 3 uova sode, fissate da una striscia di pasta. Spennellare con olio e decorare con rosmarino. Lasciar lievitare per 45' e cuocere in forno riscaldato a 220°/250° per 25'o30'.

17.1.1.68 Orzetto Con Piselli (Aprile 1998)

Ingredienti: 4 persone: 200gr. di orzo perlato, 250gr. di piselli, 50gr. di pancetta tagliata a dadini, 40gr. di olio extravergine, 1 cipollotto medio, 30gr. grana grattugiato, 20gr. di burro, 800gr. circa di acqua + 1 dado (oppure brodo di carne), prezzemolo tritato.
Mettere a bagno l'orzo in una ciotola con dell'acqua fredda per circa 2 ore. Inserire dal foro del coperchio il cipollotto con le lame in movimento a Vel.5. Fermate, aggiungete l'olio e la pancetta: 3 min. 100° Vel.2. Inserite la farfalla, mettete i piselli e rosolate per 2 min. 90° Vel.1. Unite l'orzo scolato, 500gr. d'acqua e il dado e cuocete 20 min. 100° Vel.1. Inserite il rimanente brodo o acqua calda e cuocete per altri 15-20 min. 100° Vel.1. A fine cottura l'orzo deve risultare all'onda come fosse un risotto. Inserite il burro, il parmigiano e il prezzemolo. Mescolate con la spatola e lasciate riposare per qualche minuto prima di servire.

17.1.1.69 Cavolfiore Al Gratin (Novembre 1998)

Ingredienti: 1 cavolfiore, 1/2 litro d'acqua, sale q.b. Per la besciamella: 250gr. di latte, 1 mis. scarso di farina, 50gr. di burro, 1 pizzico di sale, una grattugiata di noce moscata.
Aprite il cavolfiore separando i singoli ciuffi e disponetelo nel Varoma. Inserite nel boccale l'acqua e un pizzico di sale e cuocete 20 min. temp. Varoma Vel.2. Togliete l'acqua dal boccale e preparate la besciamella come da ricetta base. Ungete una teglia con un po' di burro, disponete i cavolfiori sul fondo, copriteli con la besciamella e fate gratinare. in forno a 180° per 15 min.

17.1.1.70 Garganelli Alle Noci (Dicembre 1998)

Ingredienti: 400gr. di garganelli all'uovo, 200gr. di gherigli di noci, 50gr. di pinoli tostati, 1 pizzico di maggiorana, 1/2 spicchio d'aglio, 100gr. di panna da cucina, 80gr. di grana grattugiato, 2 cucchiai d'olio, sale e pepe q.b.
Procedimento: Inserire nel boccale il grana grattugiato, i gherigli di noci e i pinoli: tritate a Vel.7 per 2-3 sec. Togliete il trito dal boccale e tenetelo da parte. Nel boccale inserite l'aglio, la maggiorana, l'olio, il sale e il pepe: 3 min. 100° Vel.4. Al termine aggiungete la panna e il trito, mescolate il tutto per 2 sec. Vel.3, condite i garganelli, aggiungendo il grana e servite. N.b. Se il sugo si presentasse troppo denso agglungete 1/2 mis. d'acqua di cottura della pasta.

17.1.1.71 Reginette Con Funghi E Zafferano (Marzo 1999)

Ingredienti: 350gr. di pasta formato reginette, 2 bustine di zafferano, 300gr. di funghi, 1/4 di cipolla, 1/2 mis. di olio d'oliva, 30gr. di burro, un ciuffo di prezzemolo, 1/2 mis. di vino bianco secco, 3 pomodori pelati, sale e pepe q. b.
Lavate bene i funghi tagliando quelli troppo grandi. Inserite nel boccale la cipolla, tritatela e rosolatela con olio e burro: 5 min. 100° Vel.1. Inserite la farfalla e aggiungete il vino e i funghi. Fate cuocere 10 min. 100° Vel.1 e pepate; unite i pomodori e il prezzemolo tritato e cuocete ancora 5 min. 100° Vel.1. Nel frattempo cuocete la pasta, aggiungendo nell'acqua bollente lo zafferano, scolate la pasta e aggiungete il sugo mescolando per un minuto con un cucchiaio di lego a fuoco lento.Servite subito!

17.1.1.72 Involtini Di Verza (Marzo 1999)

Ingredienti: 600gr. di verza, 500gr. di patate, 80gr. di parmigiano, 2 uova, 30gr. di pangrattato, 40gr. di burro, 1 ciuffo di prezzemolo, sale e pepe q.b.
Lessate le patate e pelatele, inseritele nel boccale 40 sec. Vel.6, unite le uova, metà parmigiano, il pangrattato, il prezzemolo tritato, il sale e il pepe e amalgamate il tutto per 1 min. Vel.6. Staccate le foglie più larghe della verza e sbollentatele (devono essere ammorbidite e non cotte), asciugatele con un canovaccio, allargate ogni foglia e mettete al centro di ognuna due cucchiaiate di ripieno, arrotolate ogni foglia e, premendo, ripiegate i bordi in modo da ottenere degli involtini. Imburrate una pirofila, allineatevi gli involtini e cospargeteli con il rimanente parmigiano. Infornate a 180° per 25 min.

17.1.1.73 Maccheroni Al Caprino E Salsiccia (Marzo 1999)

Ingredienti: 350gr. di maccheroni, 1 cipolla piccola, 20gr. di olive verdi snocciolate, 100gr. di salsiccia sbriciolata, 100gr. di caprino fresco, sale e pepe q.b. Tritare la cipolla e aggiungere l'olio d'oliva e rosolare 5 min. 100° Vel.1, aggiungere la polpa di salsiccia e insaporitela per 3 min. 100° Vel.1, pepate e salate. Mentre cuoce la pasta inserite il caprino in una zuppiera e versate 1/2 mestolo di acqua di cottura, schiacciate il caprino con una forchetta e pepate. Versate il sugo preparato in una padella, aggiungete la pasta scolata e le olive tagliate a pezzetti e mescolate per 1 min. a fuoco lento, unite il tutto nella zuppiera con il caprino, mescolate bene e servite. Buon appetito!!!

17.1.1.74 Uova Con Spinaci (Rivista 2000)

Ingredienti: 6 uova, 1 kg di spinaci o bietole, 60gr. di burro, 1\2 lt di besciamella (Come da ricetta libro base), parmigiano, pepe, sale.
Lessate, scolate bene e tritate la verdura. Inserite nel boccale il burro, la verdura tritata e soffriggete 5min. Vel.1 (mancano i gradi, che immagino ci debbano essere, altrimenti come soffrigge? Probabilmente 100°). Ungete bene di burro una teglia, disponete gli spinaci a formare uno zoccolo di 3\4 cm: praticatevi 6 buchette, in ognuna versate un uovo crudo, salatelo e pepatelo. Coprite tutto con la besciamella, spolverizzate di parmigiano e fiocchetti di burro. Infornate a 180° fino a doratura completa.

17.1.1.75 Spuma Di Fragole In Coppa (Rivista 2000)

Ingredienti: (x 4\5 pers.)300gr. di fragole, 200gr. di panna fresca da montare, 2 albumi, 60gr. di zucchero, 2 cucchiai di pistacchi tritati grossolanamente, 5gr. di colla di pesce, 2 cucchiai di meringhe sbriciolate, un cucchiaino di succo di limone. Ammollate la colla di pesce in una tazza d'acqua tiepida e succo di limone. Montate la panna ben fredda nel boccale a Vel.3 con la farfalla. Travasate in una ciotola grande e tenetela in frigo. Mettete nel boccale 3 fragole e la colla di pesce ben strizzata: 2min. 40° Vel.4. Aggiungete lo zucchero e le rimanenti fragole (meno 4 che serviranno per decorare): Vel.6\7 per 30 sec. Travasate in una ciotola. Sciacquate il boccale, montate gli albumi a neve e travasateli nella ciotola con la panna aggiungendo anche il frullato di fragole. Versate la spuma di fragole nelle singole coppette e tenetele in frigo per 2 ore. Al momento di servire decorate con pistacchi tritati, meringhe sbriciolate e le fragole tagliate a metà.

17.1.1.76 Sformato Alla Panna (Rivista 2000)

Ingredienti: 200gr. di farina gialla, 100gr. di burro, un lt di latte, 3 uova intere + una chiara, panna liquida, sale.

Mettete il latte nel boccale e fate bollire: 7min. 100° Vel.1. versate la farina con le lame in movimento e fate cuocere 30min. 100° Vel.3. Salate e unite 50gr. di burro. Fate cuocere altri 10min. 100° Vel.3. Nel frattempo dividete i tuorli dalle chiare e montate queste a neve. Portate la temp a 0° e aggiungete uno alla volta i tuorli a Vel.6. Aggiungete sufficiente panna per ottenere un composto piuttosto molle, sempre a Vel.6. Aggiungete le chiare montate. Versate la polenta in uno stampo imburrato e fate cuocere in forno a 180° fino a quando sarà ben dorata. Sformate su un piatto e cospargete con poca panna.

17.1.1.77 Quiche Di Melanzane (Rivista 2000)

Una dose di pasta brisè come da ricettario base, 2 melanzane medie, 200gr. di mozzarella di bufala, 40gr. di parmigiano grattugiato, 200gr. di passata di pomodoro fresco, 20gr. d'olio, sale, pepe, basilico e origano.

Tagliate le melanzane a fette alto 1\2 cm, mettetele in acqua salata per 30 minuti. Asciugatele e grigliatele e mettetele da parte. Preparate la salsa di pomodoro come da ricettario. Stendete la pasta e foderate una tortiera di 30 cm di diametro, spolverizzate con metà del parmigiano, stendete sopra le fette di melanzane, coprite con metà della salsa di pomodoro, mozzarella a dadini e condite con origano e basilico tritati, sale e pepe. Ripetete l'operazione, infine spolverizzate la superficie con il rimanente parmigiano e l'olio. Infornate a 180° per 30 minuti

17.1.1.78 Polenta Estiva (Rivista 2000)

Ingredienti: 1\4 di brodo di pollo, un rametto di timo, 1\2 foglie d'alloro, uno spicchio d'aglio, 40gr. di farina di mais macinata, 10gr. di burro, sale, pepe, noce moscata, 1\5 di olio, 4 pomodori sbucciati e privati dei semi, 20gr. di capperi, 6 cl di aceto di Barolo, un rametto di rosmarino, 200gr. di rucola, 20gr. di capperi per guarnire.

Mettete nel brodo di pollo il timo, l'aglio e l'alloro e lasciate in infusione per 2 ore. Setacciate e versate il brodo nel boccale: 5min. 100° Vel.1. Versate la farina di mais, sale e pepe: 40min. 90° Vel.1. incorporate il burro, togliete dal boccale e versate in una teglia oleata nello spessore di 2 cm. lasciate solidificare la polenta in frigo prima di servirla tagliata a fettine. Tagliate i pomodori a dadini e versateli nel boccale: 3min. 70° Vel.1. Versateli in un piatto piano. Frullate l'olio con i capperi. Miscelate l'aceto di Barolo con sale, pepe, basilico, rosmarino e timo e fate riposare un poco. Distribuite la rucola nel piatto da portata, unite i pomodorini e le fettine di polenta. Guarnite con i capperi. Servite fredda o a temperatura ambiente.

17.1.1.79 Orzo Con Asparagi E Peperoni (Rivista 2000)

Ingredienti: 80gr. di orzo perlato, 40gr. di dado vegetale, 700gr. d'acqua (brodo vegetale), 500gr. di asparagi verdi, 40gr. d'olio, un peperone rosso, un rametto di timo e una foglia d'alloro. Le dosi si possono raddoppiare.

Sciacquate l'orzo e tenetelo mezz'ora sotto l'acqua corrente. Spezzate ogni asparago con le due mani tenendolo per le estremità: il punto in cui si rompe naturalmente divide la parte tenera da quella fibrosa. Lavateli con acqua abbondante per togliere ogni residuo di terra. Lavate bene anche il peperone e tagliatelo a dadini. Disponete gli asparagi divisi in tronchetti nel varoma. Nel boccale scaldate l'olio per 2min. 100° Vel.1, inserite la farfalla e rosolatevi i dadini di peperone con timo, alloro (da togliere), sale e pepe: 3min. 100° Vel.1. Il peperone deve risultare croccante. Mettete da parte il peperone e senza lavare il boccale rimettete la farfalla con acqua, dado e l'orzo ben scolato. Chiudete il boccale, mette il varoma con gli asparagi e cuocete 45min. 100° Vel.1. L'orzo deve cuocere per quel tempo, ma controllate gli asparagi perché devono rimanere piuttosto consistenti (20 minuti). A cottura ultimata scolate l'orzo e mettetelo in una ciotola aggiungendo le punte degli asparagi e i dadini di peperoni. Mescolate e guarnite con foglie di timo fresco.

17.1.1.80 Risotto Campagnolo (Rivista 2000)

Ingredienti: x 4: 350gr. di riso, 400gr. di verza, 100gr. di salsiccia, 250gr. di borlotti cotti, 100gr. di vino rosso, 30gr. d'olio e 30 di burro, 1\2 scalogno, parmigiano e prezzemolo tritati, dado, sale, 750gr. d'acqua o brodo.

Lavate la verza in acqua calda e tagliatela a liste piuttosto alte. Inserite nel boccale olio e scalogno: 3min. 100° Vel.1. Inserite la farfalla sulle lame, mettete il riso, il vino e fate tostare 2min. 100° Vel.1 senza misurino. Aggiungete l'acqua, il dado, il sale: 15min. 100° Vel.1. A metà cottura unite i fagioli e terminate la cottura. Aggiungete prezzemolo, burro e parmigiano: mescolate con la spatola. Lasciate riposare un minuto nel boccale, poi travasate in una risottiera e servite.

17.1.1.81 Bauletti Di Verza Con Carne (Rivista 2000)

Ingredienti: x 6: un cavolo verza, mezza cipollina, 50gr. di burro, un barattolo di pomodori a pezzettoni, sale, pepe.

Ingredienti: Per il ripieno di carne: 300gr. di carne fredda (in ordina di preferenza: brasato, bollito, arrosto), 100gr. di mortadella, un uovo, una manciata di mollica imbevuta nel latte e strizzata, 2 cucchiai di parmigiano, sale, pepe, noce moscata.

Buttate la carne nel boccale dall'altro a Vel.7, poi aggiungete la mollica del pane, l'uovo, il parmigiano, sale, pepe e una grattata di noce moscata, amalgamate spatolando a Vel.7: deve risultare un impasto consistente, ma morbido. Pulite e lavate le foglie del cavolo verza, lessatele pochi minuti in acqua bollente salata, scolatele e togliete le coste centrali. Tritate le foglie del cavolo molto rotte e aggiungetele al ripieno di carne. Aggiustate le foglie più belle, accavallandole leggermente affinchè non rimangano dei vuoti, mettete al centro di ognuna del ripieno e avvolgetele bene formando degli involtini. Nel boccale mettete burro e cipolla: 3min. 100° Vel.4. Aggiungete il pomodoro, un misurino d'acqua e una presa di sale: 5min. varoma Vel.2. Sistemate gli involtini nel varoma, mettetelo sul boccale e cuocete 30min. varoma Vel.2. A metà cottura controllate che il liquido nel boccale non sia calato troppo (in caso aggiungete un misurino d'acqua). A cottura ultimata disponete i bauletti in un piatto da portata e versatevi sopra il sugo di cottura.

17.1.1.82 Rotolo Di Verza Farcito (Rivista 2000)

Ingredienti: x 4: 8 larghe foglie di verza, 100gr. di pancetta a fettine rotonde, 300gr. di patate, 150gr. di provolone dolce, 40gr. di burro, un cucchiaio d'olio, uno spicchio d'aglio, timo, sale.

Scottate in acqua bollente salata le foglie di verza per 5 minuti. Scolatele e asciugatele con carta scottex. Togliete la parte grossa della venatura di ogni foglia senza spaccarla. Stendete ogni foglia su carta forno, sovrapponendole leggermente e formando un rettangolo. Coprite con la pancetta. Pelate e tagliate a rondelle sottilissime le patate e adagiatele sulla pancetta: insaporite con poco sale e timo. Mettete al centro il formaggio a pezzi e arrotolate chiudendo i lembi laterali. Mettete nel boccale l'acqua e un pò di sale: 6min. varoma Vel.1. Ungete la vaporiera, sistemate il rotolo e cuocete 40min. varoma Vel.1 o 2. Terminata la cottura togliete il varoma e svuotate il boccale, inserite il burro, il timo e l'aglio: 3min. 100° Vel.2. Tagliate il rotolo a fette e servite col burro fuso aromatizzato.

17.1.1.83 Fantasia Di Verdure (Rivista 2000)

Ingredienti: 700g patate, 300gr. piselli(anche surgelati), 300g funghi porcini freschi o surgelati, 2 carote, 2 pomodorini maturi, 1 cucchiaio colmo di prezzemolo tritato, un pezzetto di cipolla, 1 spicchio d'aglio, 30gr. di burro 20gr. di olio, 7oog di acqua sale e pepe.

Mettere nel boccale l'acqua e una presa di sale grosso 6' 1oo° Vel.1. Pelate lavate e tagliate a pezzi le patate. raschiate le carote, tagliatele a bastoncini e mettete il tutto nel varoma. Quando l'acqua bolle inserite il cestello con i piselli e posizionate il varoma 25' temp varoma Vel.3-4. Durante la cottura salate la verdura nel varoma. Terminata la cottura tenete le verdure coperte; svuotate il boccale, inserite la cipolla l'aglio l'olio e il burro3' 100° Vel.4. Aggiungete i funghi i pomodori strizzati dai semi e tagliati a pezzi sale e pepe 8' 100° vel1. Aggiungete il prezzemolo e i piselli, mescolate con la spatola e cuocete 3' 100° Vel.1. Terminata la cottura travasate le verdure cotte a vapore nel boccale e mescolate con la spatola, aggiustate di sale, coprite, lasciate insaporire il tutto qualche minuto a Bimby spento prima di serviRe.

17.1.1.84   Asparagi Allo Zabaione Salato (Rivista 2000)

Ingredienti: 500gr. di asparagi freschi, 4 tuorli, sale, un bicchiere di vino bianco secco, 40gr. di burro.

Spezzettate ogni asparago con le due mani tenendolo per le estremità, il punto in cui si rompe naturalmente divide la parte tenera da quella fibrosa. Dopo averli lavati disponeteli nel varoma. Nel boccale mettete un lt d'acqua e sale, meglio ancora sarebbe preparare nel boccale il dado vegetale contemporaneamente alla cottura degli asparagi. nell'una o nell'altra maniera cuocete 30min. varoma Vel.2. Terminata la cottura togliete il varoma e lasciatelo chiuso. Terminate di preparare il dado vegetale. Liberate il boccale, sciacquatelo e preparate uno zabaione con tuorli, burro, vino e sale: 5min. 70° Vel.4. Disponete gli asparagi su un piatto da portata e serviteli con lo zabaione salato.

17.1.1.85   Verza All'indonesiana (Rivista 2000)

Ingredienti: 400gr. di lonza di maiale, un cavolo verza, uno spicchio d'aglio, pepe, sale, 2 uova, una cipolla, 100gr. d'olio.

Sfogliate la verza, lavatela e tagliatela a listarelle e portatela a mezza cottura in una pentola con acqua salata. Scolatela e ponetela in una terrina. Tagliate la carne a cubetti e tenetela da parte. Inserite cipolla, olio e aglio nel boccale: 3min. 100° Vel.4, mettete la farfalla, unite la carne, salate, pepate: 10min. 100°vel 1. Aggiungete la verza, un misurino d'acqua: 20min. 100° Vel.1. In una terrina sbattete le uova quel tanto che basta per unire i tuorli agli albumi. A fine cottura versate il contenuto nella terrina di portata amalgamando tutto velocemente.

17.1.1.86   Piccolo Flan Di Verza Con Fonduta (Rivista 2000)

Ingredienti: per il flan: 400gr. di cavolo verza, una cipolla, 1\2 di panna, 30gr. di burro, 3 uova, basilico, alloro, prezzemolo.
Ingredienti: Per la fonduta: 100gr. di fontina, 20gr. di maizena, 2 misurini di latte, pepe bianco.

Pulite la verza, eliminate le foglie esterne più dure e il torsolo, lavatela e sgocciolatela. Nel boccale inserite burro e cipolla: 3min. 100° Vel.4, le foglie della verza e tritatele 10 sec Vel.5 spatolando. Insaporitela con sale, pepe e una foglia d'alloro. Fate stufare le verze 20min. 100° Vel.1 aggiungendo, se necessario, poco brodo, poi fate raffreddare. Togliete ora l'alloro e frullate le verze con qualche foglia di basilico e una manciata di prezzemolo, la panna e le uova: 10 sec Vel.5. Imburrate delle formine da timballo, riempitele con l'impasto e cuocetele a bagnomaria in forno a 170° per un'ora. Servite in piattini individuali cospargendo con la fonduta. Per la fonduta: inserite nel boccale la fontina: 4 sec Vel.5, unite il latte, la maizena e il pepe bianco: 4min. 80° Vel.4.

17.1.1.87   Gubana Friulana (Rivista 2000)

Ingredienti: Per la pasta: 450gr. di farina, 80gr. di zucchero, 150gr. di latte, 30gr. di burro morbido, un cubetto di lievito di birra, 3 cucchiai d'olio, 3 tuorli, scorza di limone, sale.
Ingredienti: Per il ripieno: 50gr. di noci, 30gr. di pinoli, 100gr. di cioccolato fondente, 50gr. di uvetta, 100gr. di zibibbo o marsala secco.

Nel boccale mettete zucchero e buccia di limone: 30 sec Vel.7. Unite latte, lievito, olio, tuorli e burro morbido: 40 sec Vel.4. Aggiungere farina e sale: 30 sec Vel.6 e 30 sec Vel.spiga. Stendere la pasta nello spessore di 1 cm. Preparare la farcitura: nel boccale mettere noci e cioccolato: 4 colpi di turbo. Ammollate l'uvetta nel liquore per 20 min. Strizzatela e unitela ai pinoli e al trito di noci in una terrina. Mettete la farcitura sulla sfoglia e arrotolatela su sè stessa formando un rotolo che girerete a cerchio a forma di ciambella.Infornate a 180° per 40 minuti. Servitelo tiepido, a fette, irrorato di zibibbo e grappa.

17.1.1.88   Tagliatelle Alle Fragole (Rivista 2000)

Ingredienti: 600gr. di fragole, 2 uova, 100gr. di farina, 250gr. di latte, 30gr. di burro, un pizzico di sale, 3 cucchiai di zucchero, 50gr. di pistacchi pelati, 75gr. di mandorle pelate. Mettete nel boccale uova, 1 cucchiaio di zucchero, farina, latte, sale e burro: 20 sec Vel.6. lasciate riposare l'impasto per 30 min, poi preparate delle crepes sottili e fatele raffreddare. lavate e mondate le fragole. Mettete nel boccale metà delle fragole e due cucchiai di zucchero: 7min. 100° Vel.4, fino ad ottenere uno sciroppo. Versatelo in una ciotola, amalgamate l'altra metà di fragole a filetti e mettete da parte. Riducete le crepes in tagliatelle, versatevi sopra un pò di sciroppo con le fragole e i pistacchi. Cospargete di mandorle grattugiate finemente.

17.1.1.89   Fantasia Di Funghi Con Orzo (Rivista 2000)

Ingredienti: 250gr. d'orzo perlato, 100gr. di piselli freschi o surgelati, 300gr. di funghi porcini affettati grossolanamente, freschi o surgelati, 200gr. di funghi chiodini, freschi o surgelati, un porro, 1\2 cipolla piccola, un rametto di timo, 2 cucchiai di parmigiano, 40gr. d'olio, 600gr. di brodo vegetale o acqua e dado, sale, pepe.
Ammorbidire l'orzo in una ciotola con dell'acqua per 2 ore. Mettete nel boccale il porro a rondelle, la cipolla e l'olio: 3min. 100° Vel.3. Inserite la farfalla, aggiungete i piselli e i funghi, sale e pepe: 5min. 100° Vel.1. Mettete l'orzo scolato, una prate del timo e insaporite 2min. 100° Vel.1. Aggiungete brodo caldo e cuocete 35\40 minuti 100° Vel.1. Terminata la cottura mettete il parmigiano e il rimanente timo, mescolate e lasciate riposare qualche minuto prima di servire.

17.1.1.90   Linguine Alla Polpa Di Granchio Nel Boccale (Rivista 2000)

Ingredienti: 2 scatole di polpa di granchio, 500gr. di linguine, 200gr. di panna liquida, uno scalogno, mezzo misurino d'olio, un cucchiaino di prezzemolo tritato, sale, 1\2 misurino di cognac, 8oogr. d'acqua.
Mettete nel boccale olio e scalogno: 2min. 90° Vel.4. Unite la polpa di granchio e cuocete 3min. 100° Vel.1. Versate il cognac. Lasciatelo evaporare, quindi aggiungete 100gr. di panna: 3min. 100° Vel.1. Versate l'acqua calda nel boccale. Salate e portate ad ebollizione. Quando l'acqua bolle, senza spegnere il bimby, versate le linguine e aspettate che scendano, poi cuocete il numenro di minutiindicato sulla confezione (ca 8) A cottura ultimata unite gli altri 100gr. di panna e lasciate riposare un minuto. Versate in una zuppiera, spolverizzate col prezzemolo tritato e versate un filo d'olio.

17.1.1.91   Polenta Con Fagioli E Verza (Dicembre 2000)

Ingredienti: 300 farina di mais;150gr di fagioli borlotti, 120gr di cotiche di maiale 50gr di olio extra vergine, una verza, una carota, un gambo di sedano, un litro di acqua, I/2 cipolla, sale e pepe qb.
Pulite, raschiate e tagliate a pezzetti le cotiche.Mondate e tagliate a striscioline la verza.Inserite nel boccale cipolla carote sedano e tritate 5" Vel.6. aggiungete l'olio e le cotiche e fate cuocere 10' 100° Vel.1 Con lame in movimento versate a pioggia la farina gialla. Cuocete 40' 100° Vel.1.A cottura ultimata, versate in una pirofila. Servite calda.

17.1.1.92   Minestra Di Farro (Dicembre 2000)

Ingredienti: 150gr farro decorticato; 1 scatola fagioli cannellini sgocciolati e lavati, 1 una costa di sedano 1 carota, 1 cipolla 80gr. salsa di pomodoro, 80gr. dado Bimby, 50gr. olio extra vergine una spruzzata di peperoncino in polvere.
TRITATE grossolanamente sedano carota e cipolla 10" Vel.3 Aggiungete olio e cuocete 3' 90° Vel.1.Togliete dal boccale e mettete da parte.Senza lavare il boccale inserite i fagioli con 200gr di acqua e omogeneizzate 20"vel turbo. Aggiungete le verdure messe da parte, la salsa di pomodoro il dado, il farro e il litro di acqua: 50' temp varoma Vel.1. Versate la minestra in una zuppiera con una spruzzata di peperoncino e parmigiano(facoltativo).

17.1.1.93   Tajadin Di Villa (Dicembre 2000)

Ingredienti: Per la PASTA: 200gr farina; 100gr farina di castagna; un uovo; acqua e sale quanto basta.
Ingredienti: Per il sugo: 2 grosse cipolle(tipo napoletana); 200gr. fontina un cucchiaino da caffè di polvere di camomilla;20gr di olio d'oliva extravergine.
Mettere nel boccale le due farine, l'uovo e un poco d'acqua (quanto basta per un impasto elastico): 30" vel6 poi 1' Vel.spiga. Dall'impasto formate delle tagliatelle irregolari. Nel boccale tritate le due cipolle e stufatele con l'olio: 3' 100° Vel.4. Tagliate a cubetti la fontina e versatela nel boccale, amalgamandola alle cipolle. Cuocete le tagliatelle e conditele con il sugo di cipolle e fontina. Spolverizzate con la camomilla e parmigiano grattugiato

17.1.1.94   Zuppa Di Ceci E Gamberetti (Dicembre 2000)

Ingredienti: 250gr gamberetti 300gr di riso, una scatola di ceci, 1 scalogno, 1 mis di vino bianco, 30gr. di olio, sale e peperoncino qb, uno spicchio d'aglio, aghi di rosmarino.
Inserite nel boccale olio, aglio, scalogno e qualche ago di rosmarino 3' 100° Vel.4. Aggiungete metà della scatola di ceci e frullate qualche secondo: vel 4/5.Aggiungete il vino bianco e rosolate 2' 100° Vel.3. Inserite la farfalla, i gamberetti, i ceci rimasti e 650gr. di acqua e dado. Cuocete 15' 100° Vel.1.Versate il riso e cuocete 13' 100° Vel.1. Spolverizzate con peperoncino e servite calda.

17.1.1.95   Pensiero D'amore (Gennaio 2001)

Ingredienti: 300gr. biscotti frollini al cacao 70gr. di burro morbido per la farcitura 400gr. ricotta 150 zucchero 150 yogurt 1 uovo il succo di mezzo limone la scorza grattugiata 1/2 fialetta di essenza di vaniglia 150gr. gocce di cioccolato fondente.
Mettere i biscotti nel boccale 10 sec. Vel.9 toglietene 2 cucchiai e metteteli da parte. aggiungere l'uovo e il burro 15 sec. Vel.5.Togliere l'impasto e formare una palla copritela con la pellicola trasparente e tenetela in frigo per 20 min. Mettere nel boccale lo zucchero la scorza grattugiata del limone il succo l'uovo lo yogurt e la vaniglia 15 sec. Vel.5 Aggiungere la ricotta 15 sec. Vel.4 inserire le gocce di cioccolato meno una cucchiaiata. amalgamate con la spatola. Imburrate una tortiera di 24 cm cospargetela con i biscotti grattugiati. Stendere la pasta sul fondo e lateralmente formando un bordo alto 3 cm. Riempire con il composto livellate la superficie e distribuite sopra le rimanenti gocce di cioccolato. cuocete in forno a 160/170 per 35 minuti. prima di sfornare lasciate riposare per 30 min.

17.1.1.96   Torta Di Compleanno (Maggio 2001)

Ingredienti: 1 dose di pan di spagna, 1 dose di crema Bimby, 300gr. di panna liquida da montare, 1 scatola di albicocche sciroppate, 1 fiala di colorante verde(alimentare), liquore Gran Marnier, 100gr. di pistacchi(già puliti)

Tagliare il Pan di Spagna in tre dischi.Ogni disco deve essere inzuppato di liquore. Preparate il primo disco, da base, dopo averlo inzuppato di liquore, adagiatevi la crema Bimby, Appoggiate il secondo disco, ripetete l'operazione con il liquore, e appoggiatevi sopra le albicocche sgocciolate.Chiudete con l'ultimo disco di Pan di Spagna.Nel boccale pulito e raffreddato montate la panna, unite a poco a poco la fiala di colorante. Ricoprite la torta, lasciando lo spessore più alto di panna in alto, e tutt'intorno appena la copertura, Togliete la pellicina ai pistacchi e a boccale pulito tritateli: 10" vel5-6. Spolverizzate di pistacchi la torta e servitela dopo averla lasciata nel frigo per almeno due ore. Io l'ho preparata la sera prima con alcune varianti, lo sciroppo come bagna al posto del liquore e ho aggiunto un pò di crema anche al secondo strato, insieme alle albicocche...

17.1.1.97 Pennette Con Asparagi (Maggio 2004)

Ingredienti: per 4/5 persone: 500 gr, di asparagi selvatici; 1/2 cipolla ; 100gr. di passata; 50gr. di estratto di pomodoro; 50gr. di olio di oliva; 50gr. di vino rosso; 500gr. di pennette; 500gr. di ricotta di pecora

Spuntate la parte più tenera degli asparagi (in tutto ne ricavate circa 200gr.)quindi legate con lo spago alimentare i gambi e metteteli a bollire in una casseruola con 2 litri di acqua. Nel frattempo inserite nel boccale la cipolla con l'olio: 3 minuti 100°vel.4;aggiungete le punte di asparagi;4 minuti 100°vel.1. Versate il vino e fate sfumare: altri 4 minuti 100°vel 1.Unite 400gr. di acqua , la passata l'estratto.20 /25 minuti 100°vel 1 Mettete in una ampia ciotola. Senza lavare il boccale, inserite la farfalla e versate 1 litro e mezzo di acqua di cottura dei gambi;portate ad ebolizione

;8 minuti 100°vel.1 Aggiungete le pennette e cuocete per il tempo indicato nella confezione. Scolate e versate la pasta nella ciotola. Unite la metà della ricotta e mescolate bene. Dividete nei piatti mettendo sopra ad ognuno una cucchiaiata della ricotta rimasta

Siamo Arrivati Alla Conclusione

Ci Complimentiamo Con Te Per Aver Scelto Questo Libretto !

Sei Rimasto Soddisfatto ? Allora Ti invitiamo a Lasciare

Un FeedBack Positivo a 5 Stelle !

Grazie Di Cuore :)

LEGAL

DISCLAIMER

The author is not a licensed practitioner, physician, or medical professional and offers no medical diagnoses, treatments, suggestions, or counseling. The information presented herein has not been evaluated by the U.S. Food and Drug Administration, and it is not intended to diagnose, treat, cure, or prevent any disease. Full medical clearance from a licensed physician should be obtained before beginning or modifying any diet, exercise, or lifestyle program, and physicians should be informed of all nutritional changes.

The author/owner claims no responsibility to any person or entity for any liability, loss, or damage caused or alleged to be caused directly or indirectly as a result of the use, application, or interpretation of the information presented herein.

CPSIA information can be obtained
at www.ICGtesting.com
Printed in the USA
LVHW020542160621
690353LV00018B/1679